대한민국
마지막 기회가 온다

한미러 합종으로 북극항로를 열다

대한민국
마지막 기회가 온다
한미러 합종으로 북극항로를 열다

초판 1쇄 발행 2025년 5월 16일
초판 4쇄 발행 2025년 10월 14일

지은이 김태유

펴낸곳 서울대학교출판문화원
주소 08826 서울 관악구 관악로 1
도서주문 02-889-4424, 02-880-7995
홈페이지 www.snupress.com
페이스북 @snupress1947
인스타그램 @snupress
이메일 snubook@snu.ac.kr
출판등록 제15-3호

ISBN 978-89-521-3958-0 03340

대한민국 마지막 기회가 온다

한미러 합종으로 북극항로를 열다

김태유 지음

서울대학교출판문화원

서문

"어떻게 하면 국민이 행복한 선진 강대국이 되고, 또 어떻게 하면 국민이 불행한 후진 약소국이 되는가?"라는 의문은 이 책을 읽는 독자들처럼 사회적 책임을 통감하는 지식인(noblesse oblige)이라면 누구나 마음 한켠에 깊이 간직하고 있는 화두일 것입니다. 그러나 국가 발전 원리란 대자연의 섭리에 해당하는 이공학(science & engineering)부터 인간의 행동 원리인 경제학(economics)과 국가와 사회의 발전에 지대한 영향을 미치는 지정학(geopolitics) 그리고 실제 제국의 흥망성쇠의 기록인 역사학(historical studies)에 이르기까지 학문의 경계를 넘나들지 않고는 제대로 접근할 수 없는 종합 학문인 문명사적(civilizational) 영역이라고 할 수 있습니다. 필자가 한평생 그 한 가지 화두에 천

착하여 의미 있는 연구 성과를 거둘 수 있었던 것은, 한편으로는 필자의 삶에서 중요한 한 부분을 기꺼이 희생한 결과이기도 하고, 또 다른 한편으로는 한국 사회가 그런 연구를 어렵사리나마 이어갈 수 있도록 해준 덕분이라고 생각합니다. 따라서 그 소중한 연구 성과가 사장되지 않고 대한민국의 생존과 번영에 실제 기여할 수 있도록 하는 것이 한 사람의 지식인으로서 본인의 삶에 대한 책임 있는 태도이자 동시에 국가와 사회에 대한 책무를 다하는 것이라고 생각하고 있습니다.

지구온난화로 인한 북극항로의 개통, 미국의 태평양시대 선언(Pivot to Asia)과 대중국 견제, 그리고 러시아-우크라이나 전쟁과 러시아의 동진 등 동아시아를 중심으로 한 세계 패권 질서의 재편 과정에서 우리가 한미러의 합종 전략을 주도하여 북극항로를 선점하고 거점항구를 확보한다면 대한민국이 미국이 구축하고자 하는 새로운 세계 패권 질서의 중심부에 진입할 수 있게 될 것입니다. 그리고 한미러의 합종으로 인해 되살아날 한중일의 연횡이 동아시아에서 팽팽한 균형을 이루며 대한민국이 명실공히 동북아 4강(미국, 러시아, 일본, 중국) 간 패권 질서의 조정자(천하사각지계: 天下四脚之計)로서 자리매김할 수 있을 것이라 확신합니다. 이상과 같은 필자의 평생 연구 성과를 현실에 적용하고자 기회 닿는 대로 강연도 하고 틈틈이 저술도 준비하고 있었습니다. 그런데 트럼프 2기 행정부의 시작과 함께 미국의 대중국 포위 압박과 러우 전쟁 종전이 당장 눈앞으로 다가왔습니다. 한미러의 합종도 북극항로의 거점항구 확보도 지금 빨리 서두르지 않으면 절호의 기회를 놓치고 돌이킬 수 없는 후회만 남게 될 것이 틀림없습니다.

필자의 저서를 읽고 강의를 들은 많은 분들로부터, 이렇게 중차대한 민족사적 전략이 다가오는 제21대 대한민국 대통령 선거 과정에서 공론화되지 않는다면 차기 대한민국 정부 국정의 근간(根幹)이 될 수 없을 것이라고 누차에 걸쳐 저술 작업을 재촉받았습니다. 평소 잠깐 세상의 관심을 집중시키다가 영영 사라져 버리는 베스트셀러보다는 백 년 넘게 서고를 지키는 가치 있는 책을 저술하겠다는 원칙을 가지고 있었기에 책을 급히 써내는 데는 주저가 많았습니다. 그런데 북극항로의 개통과 한미러의 합종 같은 민족사적 기회는 천 년에 한 번 오기도 힘든 단 한 번의 마지막 기회일지도 모른다는 절박한 생각에 마음을 바꾸기로 하였습니다. 그리고 제가 했던 관련 강연 내용을 종합 정리하는 선에서 원고를 마무리하였습니다. 이 책은 진지한 학술서보다는 대중 교양서 형태로 쓰여졌고 아직 더 다듬어야 할 부분이 많이 남아 있기는 하지만 그 내용만큼은 국가 발전 원리에 입각한 대한민국의 필승 전략으로서 필자의 평생 연구 성과 중 가장 가치 있고 보람 있는 부분이라고 감히 말씀드릴 수 있습니다.

인류문명은 8천여 년에 이르는 긴 역사에도 불구하고 단 두 번의 변곡점만을 허락하였습니다. 소위 대분기(great divergence)라고 일컫는 산업혁명(1, 2차 산업혁명)과 현재 진행 중인 지식산업혁명(3, 4차 산업혁명)이 바로 그것입니다. 우리 한민족은 농업사회가 산업사회로 이행할 때 산업혁명에 역행하는 잘못된 선택으로 일제강점기라는 치욕과 고초를 겪었습니다. 그리고 이제 산업사회가 지식산업사회로 이행하는 제2차 대분기를 맞이하고 있습니다. 과거에는 아편전쟁 이래 청(淸), 러시아, 일본이 한반도를 두고 각축하는 등 국제 정세가 비우호적이었을뿐더러 조선은 패권 질서에 편승을 시도할 만한 최소한의 경제적·정치적 기반조차도 갖추지 못한 상태였습니다. 그러나 대한민국은 과거의 조선과는 다릅니다. 북극항로의 개통과 함께 미국과 러시아가 새로운 패권 질서 구축을 위해 한반도의 남과 북에서 합종을 시도하지 않을 수 없을 만큼 시대와 환경이 대한민국에게 우호적인 방향으로 흘러가고 있습니다. 게다가 지금 우리는 한강의 기적을 거쳐 세계 10대 경제대국으로 발돋움했고, 민주적 절차에 따라 정권이 질서 있게 교체되는 등 새로운 세계 패권 질서의 중심부에 진입할 만한 경제적·정치적 역량을 충분히 갖추고 있습니다. 이것은 단군 이래 수천 년 이 땅을 굳건히 지켜 온 우리 한민족이 세계사의 주역으로 우뚝 설 수 있는 절호의 기회가 도래하였음을 의미하는 것입니다. 그러나 기회란 사람을 기다려 주지 않는 법입니다. 다음 정부 임기 내에 서둘러 추진하지 않는다면 이 또한 영영 이루어질 수 없는 허망한 꿈이 되고 말 것입니다.

우리 한민족이 맞이한 '처음이자 마지막 기회', 그 중차대한 역사적 사명에 열과 성을 다할 제21대 대통령께 이 책을 바칩니다.

2025년 5월

김 태 유

CONTENTS

차례

PART 03 패권 쟁탈전: 한, 미, 러가 맞물린다

PART 04 패배자와 패권국의 갈림길에서

PART 01

패권의 원리:

대한민국은 왜 패권을 쥘 수 없는가

패권의 원리를 이해하지 못하는 대한민국

패권은 어떻게 만들어지는가

미국은 어떻게 패권을 잡았는가

자원빈국의 저주: 태생적 한계를 극복할 수 있는가

한반도가 타고난 지정학적 저주

골드만삭스 보고서는 틀리지 않았다

패권의 원리를
이해하지 못하는
대한민국

〈시국도(時局圖)〉(1900~1904년 추정), 사찬태 작,
미국 국립문서기록관리청(NARA) 소장.

19세기 말 열강들이 중국을 분할하는 모습을 묘사한 풍자화.
패권의 원리를 외면한 국가가 마주하는 냉혹한 현실을 상징적으로 보여 준다.

> “행운의 여신이 다가왔을 때
> 그 옷자락을 움켜잡는 것이 정치의 임무다.”
> —오토 폰 비스마르크

패권이란 늘 견고해 보이기 마련입니다. 한 국가의 패권은 영원할 것만 같아 보이고, 누구도 그 질서가 쉽게 무너질 것이라고 생각하지 않습니다. 패권국들의 치밀한 계산과 팽팽한 힘겨루기가 만들어 내는 균형이기에 더욱 안정돼 보이기 마련입니다. 그러나 세계 각국은 부침을 거듭하고 있고 기존 패권의 균형은 새로운 패권의 균형을 향해 끊임없이 이동하고 있습니다. 바로 그렇기에, 패권은 언제나 위험에 노출되어 있습니다. 양쪽에서 힘껏 당기고 있는 극한의 균형은 예상치 못한 작은 균열 앞에서 금세 허물어질 수 있습니다. 따라서 패권의 균열은 제3세계에 위험인 동시에 새로운 기회이기도 합니다. 이 균열을 어떻게 활용하느냐에 따라, 대한민국이 새로운 세계 패권 질서 속에서 추락할지, 아니면 도약할지가 결정될 것입니다.

"행운의 여신이 다가왔을 때 그 옷자락을 움켜잡는 것이 정치의 임무다." 독일 통일의 설계자 비스마르크의 말입니다. 지금 대한민국은 그 옷자락을 움켜잡아야 할 결정적인 순간을 맞이하고 있습니다. 이쯤에서 의문이 들 것입니다. 어떤 행운의 여신이 우리에게 다가온다는 것일까요? 아무리 눈을 씻고 주변을 둘러보아도 대한민국에는 오직 위기만 있는 것 같고 기회는 얼른 눈에 띄지 않을 수 있습니다.

실제로 우리는 다층적인 위기 속에 놓여 있습니다. 미중 패권 경쟁이 격화되면서 한국의 전략적 선택지는 점점 좁아지고 있습니다. 미국은 중국을 압박하는 과정에서 한국에 경제적·군사적 협력을 요구하고, 이에 중국은 한국에 대한 경제적 보복과 군사적 위협으로 맞대응하고 있습니다. 범세계적인 석유, 가스 등 글로벌 에너지 시장의 변화와 인공지능, 로봇 등 첨단산업 기술 경쟁 속에서 대한민국은 여전히 자원빈국, 기술빈국의 한계를 벗어나지 못하고 있으며, 한반도 남북 간의 군사적 긴장도 완화될 기미가 보이지 않습니다. 설상가상으로 내부적으로도 심각한 문제가 누적되어 있습니다. 경제성장률은 지난 30여 년간 매 정부, 매 대통령 임기마다 평균 1퍼센트씩 대세하락을 지속하고 있습니다. OECD 국가 중 최저 출산율과 첨단산업 기술 경쟁의 격화로 인해 미래 성장동력 또한 위협받고 있습니다. 이 같은 내우외환으로 인하여 대한민국의 미래는 더욱 암울해 보입니다.

오늘날 대한민국이 처한 세계 패권 질서의 위기는 결코 처음 겪는 일이 아닙니다. 과거 조선은 세계 패권 질서가 새로운 균형을 찾아갈 때 시의적절한 결단을 내리지 못했고, 결국 제국주의의 희생양으로 전락하고 말았습니다. 19세기 말 조선은 서구 열강과 일본이 패권을 두고 다투는 상황에서도 스스로 경제적·기술적 역량을 구축하지 못했고, 강대국들의 패권 질서에 대한 올바른 이해조차 없었습니다. 그러니 청, 러시아, 일본 3국이 각축하는 동북아시아에서 실질적인 외교적 레버리지를 확보할 수 없었고, 결국 일본 제국주의의 침략을 막아 내지 못했습니다. 전후 냉전 시기에 한국은 미소 패권 경쟁의 최전선에 있었지만, 자유민주주의에 기반한 미국의 패권 질서하에서 경제성장을 이루는 것이 최선의 선택이었기에, 세계 패권 질서에 능동적으로 대처하지 않았고 당장 그럴 필요도 또 그럴 능력도 없었습니다. 미국 중심의 패권질서 속에서 안보를 보장받는 것이 경제성장을 지속하기 위한 불가피한 선택이었으며, 자원 확보나 기술 개발 경쟁에서 후발국의 이점을 최대한 살려 선진국 추격에 매진한 결과는 매우 성공적이었습니다. 그러나 현실은 여전히 강대국들의 이해관계에 따라 우리 환경이 조정될 수밖에 없는 수동적 입장을 벗어날 수 없었습니다.

그러나 지금은 다릅니다. 과거 약소국이었던 대한민국이 이제 강소국 대한민국으로 거듭났습니다. 또한 기존의 패권 질서가 새로운 균형을 향해 변화하고 있습니다. 이제 한국이 세계 패권 질서 속에서 주체적으로 우리의 위상을 정립해 나갈 수 있는 조건이 갖추어진 것입니다. 과거와 달리, 이번에는 능동적으로 대처하여야 합니다. 기존의 패권 균형이 무너지고 새로운 미래 패권 질서가 자리 잡아 가는 이 순간, 올바르게 대처하지 못하면 우리는 또 한번 역사의 뒤안길로 밀려날 수밖에 없습니다.

그런데 세계 패권 질서의 변화라는 위기 속에서, 다행히 정말 다행히 대한민국이 다시 한번 도약할 절호의 기회가 찾아오고 있습니다. 지금 이 순간, 행운의 여신이 우리를 향해 미소 짓고 있습니다.

북극항로의 개척: 대한민국의 기회

기후변화로 인해 북극해의 빙하가 녹으면서 새로운 항로가 열리고 있습니다. 북극항로가 본격적으로 개통될 경우, 부산에서 네덜란드 로테르담까지 운항 거리가 기존의 수에즈 운하 항로

보다 최대 40퍼센트 단축됩니다. 이는 단순히 동아시아와 유럽 간의 물류 혁신이 아니라, 세계 경제와 세계 패권 질서를 근본적으로 재편성할 만큼 거대한 인류문명의 변곡점이 될 것입니다.

러시아는 우크라이나와 전쟁 중임에도 불구하고 전후 북극항로의 주도권을 잡기 위해 핵추진 쇄빙선을 계속 건조하고 있으며, 북극해 LNG 사업을 본격적으로 추진하고 있습니다. 중국은 북극항로에서 소외되지 않으려고 이미 '빙상 실크로드'를 통해 북극항로의 상용화를 시도하고 있습니다. 미국과 유럽 국가들 역시 이 새로운 항로에 대한 전략적 대응을 강화하고 있습니다. 그렇다면 한국은 무엇을 해야 할까요?

이제 우리는 북극항로 개통이라는 범세계적 환경 변화를 적극 활용해 한반도의 지정학적 한계를 극복해야 합니다. 북극항로는 단순한 바닷길이 아니라, 국가의 경제와 안보에 중요한 영향을 미치는 전략적 루트입니다. 우리는 단순히 이 항로를 이용하는 것만으로는 만족할 수 없습니다. 북극에 인접한 영토를 보유하여 기득권을 주장하는 미국, 러시아, 노르웨이, 덴마크, 스웨덴, 아이슬란드, 캐나다, 핀란드 이상 8개국 북극이사회(Arctic Council) 회원국들이 앞다투어 북극항로의 주도권을 호시탐탐 노리고 있습니다. 우리가 비록 북극이사회 회원국은 아니지만, 북극항로의 필수 경유지인 한반도 동남단 대한해협에 위치한 것은 북극 인근에 영토를 보유한 것보다도 북극항로를 선점하기 위해서는 지정학적으로 훨씬 더 유리한 고지를 점령하고 있는 셈입니다. 이를 위해 가장 중요한 것은 북극항로의 거점항구를 확보하는 것입니다. 대한민국의 부산, 울산 등 경상남·북도 일대가 북극항로의 거점항구 및 첨단산업 기술 배후 단지로서 거듭나야 합니다. 한국 최대의 항구 수준이 아니라, 유라시아 대륙과 태평양을 포괄하는 국제적 산업·금융·물류 허브로서의 기능을 수행할 수 있도록 거국적인 철저한 준비와 초거대 규모의 전략적 투자가 필요합니다.

항로가 스쳐 지나간다고 해서 저절로 국부가 창출되는 것이 아니라 거점항구가 있어야 비로소 국부가 창출되는 것이기 때문입니다. 북극항로를 이용하는 전 세계의 선박들이 정박하고 물류를 환적하고 생산하고 또 재처리할 수 있도록 산업과 에너지, 그리고 금융 허브까지 확보하여야 합니다. 역사적으로 세계 패권국들은 모두 해운의 중심이 되었던 나라였으며 예외없이 강력한 거점항구를 보유하고 있었습니다. 17세기 네덜란드의 암스테르담, 19세기 영국의 런던, 20세기 미국의 뉴욕이 그랬듯이, 큰 항로의 거점항구는 언제나 제국의 심장이었습니다. 이제 북극항로가 열리는 새로운 시대는 새로운 거점항구를 기반으로 새로운 패권 질서하에 새로운 제국의 탄생을 예고하고 있습니다. 대한민국은 그 한 축을 담당할 수 있는 절호의 기회를 맞이하고 있습니다.

그렇다면 어떻게 해야 대한민국이 북극항로의 거점항구를 확보할 있을까요?

대한민국의 전략: 한미러의 합종

한국이 북극항로를 선점하고 거점항구를 유치하는 등 그 수혜를 극대화하는 것은 우리 단독으로는 시작조차 불가능합니다. 미국, 그리고 러시아와 공조하지 않으면 안 됩니다. 즉 한미러 합종을 통해 전략적 협력을 구축해야만 가능합니다.

미국은 패권국으로서의 위상을 유지하기 위해 북극항로에서도 자국의 영향력을 확대하려 할 것입니다. 이러한 상황에서 미국의 도움 없이는 한국은 중국과의 북극항로 거점항구 확보 경쟁에서 유리한 고지를 차지할 수 없습니다. 한국은 미국과 협력해야만 미국의 거대 자본과 연대할 수 있고, 극지 해양 기술, 자율 운항 선박, 해상 물류 네트워크 등에서 미국이 보유하고 있는 첨단 원천기술을 활용할 기회 또한 얻을 수 있습니다. 동시에 북극항로의 대부분을 영해이자 군사력이 미치는 실질적인 세력

권으로 보유하고 있는 러시아와 협력하기 위해서는 미국의 동의가 필수 불가결합니다. 한국은 주한미군과 핵우산으로 미국에 안보를 의존하고 있기 때문입니다.

러시아는 북극항로의 가장 큰 이해당사자이며, 엄청난 규모의 천연자원을 보유하고 있을 뿐 아니라 북극항로의 안전 항행을 보장할 수 있는 막강한 군사력을 보유하고 있습니다. 한국이 러시아와 협력한다면 한국이 수입에 의존하는 석유, 가스, 곡물 등의 확보는 물론이고 한국이 비교우위를 가진 북극항로 관련 항만 개발, 공동 물류망 구축 등에서도 주도권을 가질 수 있습니다.

북극항로가 본격적으로 활성화되고, 대한민국이 미국과 러시아 사이에서 균형을 취하면서 북극항로의 거점항구를 확보할 수만 있다면 대한민국은 유라시아·태평양의 중심 국가로 거듭날 수 있습니다. 따라서 한미러 합종은 단순한 외교 전략이 아니라, 대한민국이 시대와 환경의 변화에 따른 새로운 패권 질서 속에서 생존하고 도약하기 위한 필수적인 전략입니다.

이 지점에서 한미러 합종에 대한 의문이 들 수 있습니다. 과연 미국과 러시아가 협력하는 것이 현실적으로 가능할 것인가, 그리고 여기 한국이 끼어들 틈이 있을까 하는 의구심이 들 법합니다. 그러나 이러한 전략의 타당성을 검토하기 위해서는 패권의 원리를 정확히 이해해야 합니다. 강대국은 명분이나 의리에 기반한 국제관계가 아니라, 자국의 이익을 최우선하는 방향으로 동맹을 선택합니다. 역사적으로도 국가 간의 동맹에서 '가치관의 공유' 같은 명분은 전략적 이해관계라는 실리가 맞아떨어질 때 이를 정당화하기 위한 수사(rhetoric)로 활용되어 왔습니다.

강대국들의 경제·외교·안보 전략과 그 원리를 깊이 이해하고, 그들이 처한 지정학적 상황을 면밀하게 분석하다 보면, 한미러의 합종이 단순한 선택지가 아니라 한국, 미국, 러시아 모두에게 제각기 결코 피할 수 없는 필연적인 선택이라는 점을 납득하게 될 것입니다. 특히 한국이 이같이 피할 수 없는 선택을 하지 않을 경우 엄청나게 값비싼 대가를 치르지 않을 수 없을 것입니다. 과거 고려는 정통성이라는 명분을 가진 아리크부카를 버리고 힘과 실력을 갖춘 쿠빌라이 편에 섰기 때문에 몽골제국이라는 세계 패권 질서하에서도 불개토풍(不改土風) 외왕내제(外王內帝) 등의 특권을 누렸습니다. 그러나 명-청 교체기에 조선은 실력의 청(淸)을 버리고 명분을 따라 명(明)을 선택한 결과 삼전도의 굴욕과 속방으로 전락을 자초하고 말았습니다. 전후 대한민국은 우리의 선택과는 무관하게 분단과 민족상잔의 비극을 맞이하고 자연스레 미국이 주도하는 자유민주 세계질서에 편입되었습니다. 그러나 그것은 한민족이 한강의 기적을 통해 후진 약소국에서 선진 강소국으로 도약하는 환경을 제공하였으며, 한민족의 슬기와 저력이 그 기회를 놓치지 않았던 것입니다. 그러나 지금 세계 패권 질서는 새로운 전환점을 맞이하고 있으며, 이 과정에서 한국이 어떤 선택을 하느냐에 따라 고려와 같은 성공을 누릴 수도, 조선과 같은 실패를 겪을 수도 있습니다. 비록 러우 전쟁 종전 이후 강대국들의 이합집산으로 성립될 새로운 세계 패권 질서는 과거 동북아 대륙에서 고려와 조선이 직면했던 양자택일보다는 훨씬 더 복잡한 전략적 선택을 요구하고 있지만, 익숙한 과거와 명분에 안주하기보다는 생소한 미래라 하더라도 오직 국익을 우선하여 선택하여야 한다는 원칙만큼은 강소국 한국의 미래 행보에 시사하는 바가 큽니다.

한미러 합종이 단순한 이상이나 가정이 아니라 필연적인 전략이자 현실인 이유는 명확합니다. 미국은 패권에 도전하는 중국을 포위·압박하기 위해 중국에 석유, 가스, 곡물 등을 공급하는 러시아와의 연대가 꼭 필요합니다. 러시아는 전후 미국 등 서방의 제재를 풀고, 북극항로를 활성화하여야 하기 때문에 미국과의 연대가 불가피합니다. 또 미국은 중국을 포위·압박하기 위해 한국이 필요하고, 러시아도 잠재적인 적국인 중국과 일본보다는 한국과의 협력을 통해 경제적 활로를 모색해야 합니다. 이처럼 미국과 러시아는 각기 국익 차원에서 연대할 수밖에 없고, 대한민국은 이 두 강대국의 이해관계를 조율할 수 있는 핵심 연결고리가 될 수 있습니다. 이는 한국이 국제관계에 끌려다니는 수동적인 플레이어가 아니라 국제 전략에서 주도적인 역할을 할 수 있는 천재일우의 기회가 도래하였음을 의미합니다.

더 이상 지체할 시간이 없다!

이제, 대한민국은 한미러 합종을 통해 북극항로 개척의 핵심인 거점항구를 구축하고 그 수혜를 극대화함으로써 경제적·외교적·안보적 측면에서 기존의 한계를 한 단계 뛰어넘어 동아시아의 중심국가로 도약할 수 있는 결정적인 기회를 맞이한 것입니다. 대한민국은 북극항로 선점효과와 거점항구 확보 효과를 극대화함으로써 그동안 대한민국이 직면했던 자원빈국의 한계, 강대국 사이에 낀 약소국의 한계를 뛰어넘을 수 있습니다. 지금이야말로 대한민국이 전략적 선택을 내려야 하는 결정적 순간입니다. 북극항로라고 하는 행운의 여신이 러시아의 동진(東進)과 함께 한반도를 향해 다가오고 있으며 우리는 그 옷자락을 움켜잡아야만 합니다. 패권의 새로운 균형은 새로운 기회를 제공합니다. 하지만 기회는 사람을 기다려 주지 않습니다. 북극항로 선점과 거점항구 확보를 위한 한미러 합종이 지금 당장 추진되어야 하는 이유는, 이러한 기회가 수년 안에 사라지고 말 것이기 때문입니다.

첫째, 북극항로의 개척이 본격화되는 골든타임이 시시각각 다가오고 있습니다. 기후변화로 인해 북극 해빙 속도가 빨라지면서, 북극항로의 운항 가능 기간이 급격히 늘어나고 있습니다. 10년 전만 해도 여름철에만 제한적으로 운항이 가능했지만, 이제 머지않아 연중 항행이 가능할 것입니다. 지금 우리가 서둘러야 할 일은 쇠락하고 있는 부울경 항구도시와 배후 산업단지를 첨단 산업 기술 단지로 재건하고 발전시켜 중국과의 북극항로 거점항구 유치 경쟁에서 이길 수 있는 경제적·기술적 기반을 마련하는 것입니다.

둘째, 러시아의 동진 전략이 본격화되고 있습니다. 우크라이나 전쟁 이후 EU와의 적대적 관계로 인해 러시아는 경제협력과 에너지 수출의 새로운 활로를 동아시아 쪽에서 찾고 있습니다. 비록 러시아가 한국과의 협력을 선호한다고는 하나, 만약 우리가 서둘러 대응하지 않으면 중국과 일본이 러시아와 먼저 손을 잡고 초대형 협력 사업을 먼저 시작할 것이고, 그러면 한국의 역할은 축소될 수밖에 없습니다.

셋째, 비록 한국이 한미러의 합종을 서둘러 추진한다고 해도 미국, 중국, 일본, EU 등 경제 규모가 큰 강대국들의 북극항로 관련 사업에 대한 투자가 본격화되고 나면 상대적으로 투자 여력이 작은 한국이 북극항로 관련 사업에서 선점효과를 유지할 수 있을까 하는 의문도 들 것입니다. 그러나 가속도의 법칙(F=ma)에서 질량이 작아도 가속도를 더욱 높이면 더 큰 힘을 낼 수 있는 것과 같이, 한국은 경제력의 열세를 사업 추진 속도로 극복해 낼 수 있습니다. 다른 국가 대비 체급이 작은 만큼 빠르게 움직일 수 있기 때문입니다. 그래서 더 늦기 전에 빨리, 더 빨리 서둘러야 합니다.

이제 대한민국은 결정해야 합니다. 과거처럼 패권의 흐름에 대한 무지와 관망으로 새로운 패권 질서에서 소외될 것인가, 아니면 강대국들의 패권 질서 변화에 발맞추어 시대를 선도하는 주체가 될 것인가? 지금이 바로, 그 선택의 순간입니다.

패권은

어떻게 만들어지는가

〈도쿄만의 미국 동인도 함대〉(1862~1880년 추정), 오사이(Osai) 작,
바이네케 고문서 도서관 소장.

1853년 일본을 강제 개항시킨 미국 페리 함대의 흑선(黑船).
압도적인 기술과 군사력을 앞세워 시장을 여는 '자유무역 제국주의'의 서막이었다.

"패권은 단순히 하드파워만으로는 효과적으로 작동하지 않습니다.
문화적 매력, 사상적 영향력 등 소프트파워를 통해
주변 국가들이 자발적으로 따를 수 있도록 만드는 것이
진정한 패권의 완성입니다."

패권을 이해하기 위해서는 먼저 산업혁명과 국가 발전의 원리를 살펴봐야 합니다. 패권이라고 하면 우선 군사력이나 경제력이 떠오릅니다. 농업사회의 패권이란 단순한 군사적 우위에 가까웠습니다. 그러나 산업사회의 패권은 기술과 에너지를 기반으로 하는 경제력과 군사력 같은 하드파워(hard power)와 전략, 사상, 문화 등 소프트파워(soft power)가 결합된 복합적인 구조입니다. 산업사회에서 국가의 패권은 기술과 에너지를 결합한 생산력의 확보, 즉 산업혁명으로부터 시작됩니다. 그리고 수입과 수출을 통해 국부를 축적함으로서 비로소 패권이 그 실체를 세상에 드러내게 됩니다. 산업혁명을 처음 일으킨 영국, 2차 산업혁명을 선도한 미국 등 강대국들은 역사적으로 모두 기술과 에너지를 결합해 산업혁명을 일으켰고, 이를 통해 대량생산 체제를 구축했습니다. 생산을 통해 이윤을 축적하고, 그 이윤을 재투자하여 더 나은 기술을 개발하며 더 많은 에너지를 확보합니다. 이것을 '확대재생산'이라고 합니다. 다시 말하자면 기술과 에너지를 바탕으로 대량생산을 이루고, 이를 통해 발생한 이윤을 다시 자본으로 축적하여 더 나은 기술 개발과 더 많은 에너지 확보로 투자와 생산 규모를 계속 키워 가는 과정을 말합니다. 이러한 순환이 반복되면서 국가의 산업과 경제는 점점 더 크고 빠르게 성장하게 됩니다. 이와 같은 확대재생산 과정을 반복함으로써 경제가 가속적으로 성장하는 것을 '내생적 성장'이라고 합니다.

내생적 성장 그 이후

처음에는 국내시장 안에서 확대재생산이 이루어집니다. 그러나 생산 규모가 일정 수준을 넘어서면 국내시장만으로는 생산된 물자를 모두 소비할 수 없습니다. 이때 기업과 국가는 자연스럽게 해외시장으로 눈을 돌리게 됩니다. 해외에 물건을 팔고 필요한 자원과 에너지를 수입하며 국가의 경제활동을 국제 무대로 확장해 나갑니다. 이러한 확대재생산의 과정은 산업혁명에 성공한 영국, 미국, 독일, 일본, 한국 그리고 최근 중국에 이르기까지 단 한 번도 예외가 없었습니다. 대량생산, 자본축적, 기술개발, 에너지 확보, 해외시장 진출로 이어지는 이 경제성장의 선순환 구조는 패권을 형성하는 데 있어 가장 기본적인 조건이 됩니다.

확대재생산의 범위가 국내에 머무르지 않고 해외로 확장될 때 마주치게 되는 문제는 해외시장이 항상 열려 있지 않다는 것입니다. 상대국이 상품 수입을 거부하거나 자원을 판매하지 않으려 하는 경우입니다. 이럴 때 강대국 정부는 무력 시위나 외교적 압박을 통해 상대국이 시장을 열도록 유도합니다. 그래도 통하지 않을 경우에는 군사력을 동원하여 전쟁으로 상대국을 굴복시켜 왔습니다. 물론 과거 농업사회의 로마제국, 몽골제국 등과 같이 무조건 점령하고 약탈하고 지배하기보다는 자유무역만 관철되면 상대 국가가 국체를 유지할 수 있도록 허용 또는 방관하는 경우가 많았습니다만, 그것은 상대 국가에 대한 존중과 배려라기보다는 그렇게 하는 것이 비용효과(cost/benefit) 측면에서 더 유리했기 때문입니다. 그것을 '자유무역 제국주의'라고 부릅니다. 대표적인 사례는 미국이 페리 제독을 앞세워 일본을 개항시킨 일입니다. 일본이 무역을 거부하자 미국은 군사력을 동원해 개항을 요구했고, 결국 일본은 문을 열 수밖에 없었습니다. 군사력에 의한 강제 개항은 조선과 중국의 경우도 마찬가지였습니다.

즉, 산업사회의 강대국은 자유무역을 통해 확대재생산을 함으로써 약소국을 약탈하는 것보다 훨씬 더 큰 국부를 창출할 수 있고, 점령하고 지배하는 데 들어가는 노력과 비용도 절약할 수 있습니다. 그렇기 때문에 산업사회의 강대국은 비록 회유와 강압을 모두 동원하여 본국에 유리하게 국제관계를 이끌어 가기는 하지만 상대국의 동의를 얻는 과정을 거치려고 노력합니다. 이러한 측면에서 산업사회의 강대국을 패권국이라고 부릅니다.

하드파워와 소프트파워의 조화

그러나 패권은 단순히 하드파워만으로는 효과적으로 작동하지 않습니다. 문화적 매력, 사상적 영향력 등 소프트파워를 통해 주변 국가들이 자발적으로 따를 수 있도록 만드는 것이 진정한 패권의 완성입니다. 왜냐하면 하드파워를 통한 강압보다는 소프트파워를 통해 자발적으로 추종하게 만드는 것이 비용효과 면에서 훨씬 더 유리하기 때문입니다.

앞서 내생적 성장을 설명할 때 한 가지 언급하지 않은 중요한 사실이 있습니다. 내생적 성장이 꼭 경제적 성장만을 의미하는 것은 아니라는 점입니다. 내생적 성장을 잘 하기 위해서는 먼저 자유시장 체제가 성립되어야 하는데, 이를 위해서는 국가가 사유재산을 보호하고 공정한 상거래가 이루어질 수 있게 규정을 제정하는 등 법치가 자리 잡아야 하며, 누구나 자유롭고 평등하게 시장에서 경쟁하며 생산과 소비 활동을 할 수 있어야 합니다. 이러한 과정을 통해 자유, 평등, 박애 같은 근대적 가치가 탄생하고, 새로운 문명과 새로운 시대의 새로운 문화와 새로운 사상 등이 동반 성장하게 됩니다. 대표적으로 자유민주주의 체제, 복지제도, 사회안전망 구축 등을 떠올려 볼 수 있습니다. 이렇게 발전한 문화와 사상 자체가 소프트파워가 되어 패권국의 영향력 또는 지배력을 더욱 강화함으로서 패권국의 하드파워와 소프트파워가 선순환을 하게 됩니다.

요컨대, 과거 농업사회의 강대국인 로마제국이나 몽골제국은 점령과 지배를 통해 영토를 확장하여 대제국으로 군림했지만, 현대 산업사회의 패권국 미국은 하드파워와 소프트파워를 이용한 압박과 설득의 양면 전략을 통해 과거 어떤 제국보다 더 큰 국부를 축적하고 더 크게 번영하여 전 세계에 더 강력한 영향력을 행사하고 있다는 것입니다.

패권의 완성: 사다리 걷어차기

그러나 모든 국가가 이러한 패권국으로 발전할 수 있는 것은 아닙니다. 후발국은 선진국에 비해 자본과 기술이 부족하기 때문에 국내에서 자유시장 원리에 기반한 확대재생산만으로는 경제성장을 이루기 어렵습니다. 그렇다고 자유무역으로 선진국에 국내시장을 개방하면 자본과 기술 등이 뒤떨어진 후발국은 선진국의 경제적 식민지로 전락하기 십상입니다. 산업혁명 이후, 패권을 차지한 국가들은 처음부터 자유시장을 기반으로 경제가 성장한 것처럼 보이지만, 실제로는 초기 성장 단계에서 앞선 선발국 기업들을 추격하고 또 추월하기 위해서 예외 없이 강력한 국가 개입과 보호무역 정책을 활용해 산업을 육성했습니다. 영국이 당시 국제무역을 제패하고 있던 네덜란드와의 무역전쟁에서 승리하기 위해 항해법, 월폴 관세법 등 보호무역 제도들을 도입한 사례, 독립 후에도 영국 등 선진국의 경제 식민지 상태를 벗어나지 못했던 미국이 모릴 관세법으로 유럽에서 수입한 상품에 고율의 관세를 부과하여 결국 산업기술 대국으로 발전한 사례가 대표적입니다.

후발국들이 선진국들과의 기술 격차를 좁히기 위해 사용하는 정부 주도의 산업정책과 보호무역, 기술 모방 전략 등을 통틀어 '외생적 성장'이라 합니다. 자유시장 내에서 이루어진 내생적 성장과 비교해, 공권력이 시장에 개입한다는 측면에서 외생적이라 부르는 것입니다. 자유시장 논리만으로는 선진국과의 기술적·자본적 격차를 극복할 수 없기에, 성공한 후발국들은 예외 없이 정부가 직접 나서 특정 산업을 지원하고, 보호장벽을 세우며, 전략적으로 자원을 배분하는 방식으로 산업을 육성했습니다. 영국, 미국의 사례뿐 아니라 독일과 일본이 국가 주도로 산업을 키운 것도, 한국과 대만이 20세기 후반에 경제 도약을 이루었던 것도, 그리고 최근 중국의 약진도 모두 외생적 성장 전략의 대표적인 성공 사례입니다.

그렇다면 이러한 후발국들의 전략을 바라보는 선진국들은 어떤 반응을 보였을까요? 당연히 위협을 느꼈을 것입니다. 자신들이 과거에 사용한 보호무역과 산업정책을 후발국들이 그대로 활용하도록 방치하면 안 된다는 사실을 너무나도 잘 알고 있었기 때문일 것입니다. 후발국들이 성장한다는 것은 곧 기존 패권국들의 경제적 이익을 빼앗는 것이기 때문입니다. 패권국들은 후발국의 빠른 성장을 좌시할 수 없었을 것입니다. 이들은 후발국들의 추격을 따돌리기 위해서 다양한 방식으로 후발국의 외생적 성장을 저지하기 시작했습니다. 이를 "사다리 걷어차기"라고 합니다.

WTO 체제의 민낯

사다리 걷어차기의 대표적인 방식은 자유무역 협정을 통한 시장 개방입니다. 영국과 미국 등 선발 산업국들은 애덤 스미스의 보이지 않는 손 이론, 데이비드 리카도의 비교우위론 등 경제이론을 동원하여 후발국들이 자유무역 원칙을 지키도록 설득하는 한편, 국가 대 국가 간의 쌍무협정을 통해 자유무역을 강요하기도 했습니다. 이를 아예 국제 규범으로 만든 WTO 체제가 가장 대표적인 예입니다. 1990년대 이후 선진국들은 세계화라는 이름 아래 자유무역을 전 세계로 확산시키며, 후발국들이 더 이상 보호무역을 사용할 수 없도록 다자간 국제 무역 규범을 제정했습니다. 개도국들이 특정 산업을 보호하려 하면 "시장 개방"을 요구하며 압력을 가했고, 기술을 자체적으로 개발하려 하면 "지식재산권 보호"를 앞세워 이를 막았습니다. 이것은 국제무역에서 반칙을 허용하지 않겠다는 것인데, 문제는 그 반칙들은 사실 그들이 후발국 시절 선발국 추격을 위해서 활용했던 바로 그 반칙이라는 사실입니다.

무역뿐 아니라 기술 분야에서도 사다리 걷어차기는 노골적입니다. 첨단산업 기술에서 우위를 유지하는 것은 후발국들이 선진국을 따라잡지 못하도록 하는 가장 강력한 전략입니다. 미국은 중국의 반도체 산업 굴기 가능성을 차단하기 위해 소재, 부품, 장비 등에 대한 수출 규제와 기술 이전 제한을 강화하고 있습니다. EU, 일본 등에서 만든 첨단 반도체 제조 장비를 중국이 수입할 수 없도록 공급망을 차단하고, 미국이 보유하고 있는 인공지능과 양자 컴퓨팅 같은 미래 기술 분야에서 중국의 접근을 원천 봉쇄하고 있습니다. 물론 첨단산업 기술을 먼저 개발하여 앞서 나가는 것을 목표로 하지만, 혹시라도 후발국들이 따라올 만하면 새로운 장벽을 만들어 기술 격차를 벌려 나가려는 것이 패권국들의 전략입니다. 과연 미국의 주장처럼 중국의 첨단산업 지원 등 국가 개입이 과거 선발 산업국들이 시도했던 외생적 성장과는 확연히 차별화될 만큼 노골적이고 불법적인 수준인지, 아니면 중국의 주장처럼 유치산업 보호 차원의 관행적 수준을 크게 벗어나지 않은 것인지는 하나하나 꼼꼼히 따져 봐야 할 일입니다. 하지만 미국의 주장을 무조건 선발국의 사다리 걷어차기라고 일방적으로 매도할 수만은 없는 것은 중국이 공산주의 국가로서 이전 다른 후발국들의 외생적 성장과는 근본적으로 다른 수준의 외생적 성장을 시도하고 있기 때문입니다.

그뿐만 아니라, 강대국들은 자원과 에너지 패권을 이용해 후발국들의 성장을 제한하고 있습니다. 산업이 성장하려면 안정적인 원자재 공급이 필수적이지만, 원유, 가스, 희토류 등의 주요 자원은 대부분 강대국들이 직접 통제하거나 자국의 영향력 아래 두고 있습니다. 미국이 셰일 혁명을 통해 에너지 자립을 이루고 유럽과 일본이 글로벌 공급망을 선점하면서 개도국들은 자원 확보에서 불리한 위치에 놓이게 되었습니다

결국, 후발국들이 자유시장 경제 체제를 따른다고 해서 선진국과 대등한 경쟁을 할 수 있는 것은 아닙니다. 완전한 자유시장, 자유경쟁이라 하더라도 자본과 기술 우위를 점한 선진국이 일방적으로 유리할 수밖에 없기 때문입니다. 따라서 자유무역이란 시장 경쟁에서 유리한 위치에 있는 선진국 산업을 위한 보호무역, 그 이상도 이하도 아닙니다. 강대국들은 자본, 기술, 에너지 등 패권을 장악한 채 후발국들의 추격을 따돌리고 있기 때문에, 후발국들은 이를 돌파하기 위해 국가 주도의 외생적 성장 전략을 택할 수밖에 없었습니다. 하지만 강대국들은 자유무역에 의한 "사다리 걷어차기"가 더 이상 효과를 발휘하지 못하면 또 다시 새로운 규제와 장벽을 만들어 후발국들의 성장 경로를 차단합니다. 최근 트럼프 2기 행정부의 상계관세 정책은 대미무역 흑자국의 수출산업에 대한 장려금이나 보조금으로 인한 가격경쟁력을 상쇄하는 수준을 넘어 미국의 높은 임금 등 미국 산업 경쟁력의 비교 열위를 모두 극복하여 무역적자를 아예 없애는 것을 목표로 합니다. 이것은 후발국의 전유물이던 외생적 성

장이 강대국의 발전 전략으로 거듭나는 새로운 패권 질서 시대의 도래를 예고하는 것입니다.

이러한 후발 산업국과 선발 산업국의 쫓고 쫓기는 치열한 경쟁은 마치 세렝게티 평원에서 쫓는 사자 등 포식자와 쫓기는 사슴 등 피식자 간에 성공하면 살아남고 실패하면 죽을 수밖에 없는 치열한 생존경쟁 현장을 방불케 합니다. 승리자는 찬란한 영광의 주역으로 역사를 장식하고 패배자는 역사의 뒤안길로 쓸쓸히 잊혀져 가고 말 것입니다.

대한민국은 선택해야 한다

현재 대한민국은 세계 패권 질서에서 소외되기 쉬운 매우 취약한 환경에 놓여 있습니다. 역사적으로 선진 강대국들은 자국의 이익을 극대화하기 위해 경제·외교·군사 전략을 유기적으로 결합해 패권을 유지해 왔습니다. 반면, 한국은 강대국들의 치열한 경쟁 속에서 스스로의 입지를 구축할 기회를 가지지 못했습니다. 자원 수입과 상품 수출에 의존하는 경제구조, 한중일 3국 간의 치열한 상품 경합도, 그리고 미중 패권 간의 어려운 외교적 선택이라는 세 가지 근본적인 문제가 발목을 잡고 있었기 때문입니다.

첫째, 대한민국은 자원의 상당 부분을 해외에 의존할 수밖에 없습니다. 그리고 상품의 해외 수출에 의존하는 수출 주도 경제체제를 가지고 있습니다. 강대국들은 경제적·군사적 우위를 확보해 바닷길을 지배해 왔으며, 바닷길을 지배하는 것은 곧 자원을 도입하고 상품시장을 장악하여 확대재생산을 통해 패권을 유지하는 핵심 수단이었습니다. 전후 미국과 서방 산업 선진국들의 경제는 상당 부분 중동 석유에 의존하고 있었습니다. 미국은 자국의 경제적 안보를 위해서 석유를 원활히 수입할 수 있도록 바닷길의 안전을 지켜야 했습니다. 따라서 미국 덕분에 서방 자유세계는 석유 수입 및 상품 수출을 위한 안전 항행을 보장받고 있었습니다. 한마디로 미국의 해군력에 무임승차의 혜택을 입고 있었다고도 할 수 있습니다. 특히 중동 석유 수입에 의존해 온 한국과 일본이 대표적인 수혜자인 셈입니다. 그런데 미국이 셰일 혁명으로 석유·가스 자급 및 수출국으로 변했습니다. 이제 실익이 없는 세계 경찰 역할을 더 이상 할 필요가 없어진 것입니다. 경찰이 사라졌으니 위험이 커지는 것은 당연합니다. 그래서 남중국해의 양안 전쟁 같은 해양 영토분쟁이 일어나거나, 말라카 해협이든 호르무즈 해협이든 아니면 수에즈 운하든 좁은 바닷길 중에 단 한군데만 막혀도 한국 경제가 치명적인 타격을 입을 수밖에 없는 매우 취약한 상태에 놓이게 되었습니다.

둘째, 대한민국의 지정학적 위치는 세계에서 가장 강력한 산업 대국인 중국과 일본 사이에 있습니다. 한반도는 내륙국 중국과 도서국 일본 사이에 위치한 연안국으로서 과거 농업사회 시절 양쪽으로부터 침략을 피할 수 없는 불리한 위치에 있었습니다. 이것은 서유럽에서 가장 큰 대국인 프랑스가 도서국 영국과 내륙국 독일의 침략을 받았던 사실과 같은 지정학적 저주였다고도 할 수 있습니다. 이런 현상은 원교근공(遠交近攻)이라는 국가 대외 전략에 의한 것이었습니다. 그런데 현대 산업사회에서 '원교'는 경제적 보완 관계로서 원료, 소재, 부품, 장비, 기술 등 생산요소를 주고받는 국가이고, '근공'은 경제적 경쟁 관계로서 상품시장을 두고 승자독식의 싸움을 하는 국가인 셈입니다. 한중일은 세계에서 상품 경합도가 가장 높은 세 나라입니다. 이 동양 3국도 영국, 프랑스, 독일처럼 EU와 같은 경제 공동체를 만들어 공생·공존할 수 있습니다. 한중일의 연횡이 물론 가능합니다. 만일 그렇지 못하면 치열한 경쟁이 끊이지 않는 적대관계로 발전할 것입니다. 그런데 한국은 3국 중 경제규모가 가장 작은 나라로서 한중일의 연횡을 제안할 수는 있어도 강요할 수는 없는 것이 현실입니다.

셋째, 대한민국은 경제적·군사적·외교적 자율성을 충분히 확보하지 못한 상태에서 강대국들의 패권 게임 속에 놓여 있습니다. 지난 70여 년간 한국은 주한미군의 전쟁 억제력과 미국이 주도하는 자유세계의 경제질서하에서 한민족의 저력과 슬기를 기반으로 한강의 기적이라 하는 경이적인 경제성장을 이루어 번영했습니다. 게다가 중국의 비약적인 경제적 발전기에 반도체 등 중간재의 대중 수출에 힘입어 또 한번 경제적 도약이 가능했습니다. 이를 안미경중(安美經中), 즉 안보는 미국과 경제는 중국과 함께 한다고 표현하는 이도 있는데 이는 미국과 중국 모두로부터 한국은 믿을 수 없는 우방이라는 의심을 받게 되는 결과를 초래하고 말았습니다. 한국은 현재 미중 패권 경쟁 속에서 어느 한쪽으로도 완전히 기울어질 수 없는 절박한 상황에 놓여 있습니다. 미국과 중국의 패권 경쟁이 이제 패권 전쟁으로 치닫고 있는데 양국의 한국에 대한 양자택일의 요구는 대한민국에게는 진퇴양난의 난제로 다가오고 있습니다. 중국의 대한국 태도는 원래 일방적이었지만, 미국 트럼프 2기 행정부의 등장으로 조만간 한국이 엄청난 압력에 직면할 것은 불을 보듯 분명한 사실입니다.

이렇듯 대한민국은 세계 패권 질서에서 점점 더 불리한 위치로 밀려가고 있습니다. 그러나 그렇다고 해서 우리 대한민국에게 선택지가 전혀 없는 것은 아닙니다. 왜냐하면 다행히, 정말 다행히 행운의 여신이 우리 대한민국을 향해 미소 짓는 듯한 희망적인 변화들이 암울한 우리 현실에 한줄기 빛처럼 다가오고 있기 때문입니다. 그 기회는 바로 북극항로 개통과 러우 전쟁 종전 이후 러시아의 동진입니다. 그러나 그 기회는 저절로 오는 것이 절대로 아닙니다. 우리가 주도적으로 한미러의 합종을 준비해야 합니다. 제가 이 주장을 할 때마다 우크라이나에서 서로 싸우고 있는 미국과 러시아를 과연 한국이 화해시켜 한미러의 합종을 이끌어 낼 수 있을지 의문을 제기하는 분들이 많았습니다. 때론 한미러의 합종이 허황된 탁상공론이라고 비판하는 이도 있었습니다. 그러나 저는 오래전부터 한미러의 합종이 성공할 수 있다는 확신을 가지고 있습니다. 왜냐하면 문명사적 패러다임으로 패권의 이동 경로를 추적해 볼 때 패권국 미국의 다음 행보는 미국에 도전하는 중국에 대한 포위와 압박이 최우선 목표라는 것이 너무나도 확실하기 때문입니다. 그리고 미국이 중국을 제대로 포위하기 위해서는 중국에 석유와 가스를 공급하고 있는 러시아의 협조가 절실하게 필요합니다. 최근 우크라이나 전쟁 종전 협상 과정에서 트럼프가 전통적 우방인 EU를 제쳐 놓고 당사자 우크라이나를 소외시킨 채 러시아와 밀착하는 모습을 보이는 것이 바로 제가 오래전부터 예언해 온 대로 미국의 최우선 목표인 중국 견제를 위해 러시아를 회유하려는 시도입니다.

과거 대한민국은 세계 패권 경쟁에서 소극적인 자세를 취할 수밖에 없었습니다. 우리에게 유리한 선택지가 존재하지 않았기 때문입니다. 그러나 세계 질서는 지금 북극항로 개통과 러우 전쟁 종전이라는 거대한 변곡점을 맞이하고 있습니다. 만약 대한민국이 이를 시의적절하게 활용하지 못한다면 다시 한번 주변부 국가로 밀려날 수밖에 없습니다. 게다가 이렇게 천 년에 한 번 오기도 힘든 절호의 기회는 절대로 또다시 오지 않을 것입니다. 지금 필요한 것은 패권을 쥔 강대국들의 움직임을 관망하는 것도 아니고 선입견에 기대어 어느 한편에 줄을 서는 것도 아닙니다. 인류 문명의 도도한 흐름 속에서 한국이 한미러의 합종이라는 능동적 전략 플레이어로 자리 잡을 수 있도록 국론을 통일하고 국력을 결집하여 나아가는 것입니다.

이제 대한민국은 선택해야 합니다. 단순한 생존이 아니라, 변화하는 국제질서 속에서 강대국 미국의 패권 전략과 강소국 한국의 필승 전략을 조화시켜 그 성과를 공유하기 위한 현명한 전략적 결정을 내려야 합니다. 북극항로 선점과 러시아의 동진을 감싸안는 한미러의 합종 전략은 미국의 피할 수 없는 최우선 패권 전략이고 러우 전쟁 종전 이후 러시아의 피할 수 없는 생존전략입니다.

미국은 어떻게 패권을 잡았는가

조지 마셜의 초상, 미국 국무부.

미국 패권의 초석을 다진 조지 마셜(George C. Marshall, 1880~1959).
그가 주도한 '마셜 플랜'은 제2차 세계대전으로 폐허가 된 서유럽을 재건하고,
미국 중심의 세계 질서를 확립하는 결정적 계기가 되었다.

"미국은 패권을 포기하는 것이 아니라,
더욱 효과적으로 유지하는 방향으로 전략을 수정하고 있을 뿐입니다.
이는 미국의 '쇠퇴'가 아니라, '전략적 재편'으로 이해해야 합니다."

구한말부터 오늘에 이르기까지 우리는 우리나라의 운명을 우리 손으로 결정하지 못했습니다. 위정척사라는 시대착오적 환상에 빠진 조선은 근대화를 거부하고 산업문명으로부터 소외되었고, 그 결과 청나라의 속방에서 일제의 식민지로 외세의 각축 결과에 따라 승자의 제물로 전락할 수밖에 없었습니다. 제2차 세계대전에서 승리한 미국과 소련이 한반도를 남북으로 나누어 일제의 무장을 해제한 결과 우리 의사와는 무관하게 한민족은 남북으로 분단되고 말았습니다. 동족상잔의 비극을 겪으며 대한민국은 미국이 이끄는 자유민주주의 세계의 일원이 되었습니다. 오늘에 이르기까지 우리 민족이 맞이한 불행도 또 행운도 우리의 선택이라기보다는 주변 열강의 선택에 자연스레 종속된 결과일 따름이었습니다. 그런데 이제 서방 자유민주 진영과 동구 공산 진영으로 양분된 냉전시대가 가고, 셰일 혁명으로 미국은 중동 석유에 의존하며 자처해 온 세계 경찰 역할을 포기하게 되었습니다. 트럼프의 등장으로 시작된 미국 우선주의는 진영논리와 세계화의 흐름에 몸을 맡기던 세계 각국에 각자도생의 어려운 결정을 요구하고 있습니다. 특히 미중 패권 경쟁의 틈바구니에서 양자택일이라는 진퇴양난의 결정을 강요당하고 있는 대한민국에게 이것은 위기 중의 위기라 아니할 수 없습니다. 국제질서 속에서 넋 놓고 떠밀려 가면 한국은 주변 강대국들의 이해관계의 희생양으로 또 한번 전락하고 말 것입니다. 그러나 지금 우리가 급변하는 세계정세에 능동적으로 대처하는 올바른 전략을 앞서 추진하면 오히려 한국은 새로운 세계질서의 핵심 플레이어로 자리 잡을 수 있는 결정적인 계기를 만들 수도 있습니다. 그렇다면 우리는 과연 어떤 길을 어떻게 선택해야 할까요?

앞서 북극항로 개통에 따른 수혜를 받기 위해 거점항구를 유치해야 하며, 이를 위한 필수 전제조건으로 한국과 미국과 러시아의 합종을 제시했습니다. 이 전략이 정말 현실적인 것인가 하는 질문에 대한 답을 찾기 위해서는 먼저 초강대국 미국의 패권 전략을 이해해야 합니다. 한국이 처한 국제적 환경을 제대로 분석하고, 우리의 외교적·경제적·군사적 대응 방침을 결정하기 위해서는 우선 미국이 어떤 방식으로 세계를 경영하는지를 먼저 파악해야 합니다. 미국의 패권 전략을 분석하면, 한국이 어떤 전략적 방향을 설정해야 할지가 보다 명확해집니다.

일각에서는 미국이 점차 패권을 포기하기 시작했다고 해석하기도 합니다. 중동 철수, 글로벌 개입 축소, 그리고 "America First"라는 구호는 미국이 더 이상 국제질서를 유지하지 않고 고립주의로 회귀하겠다는 신호로 보이기도 합니다. 하지만 이것은 단순한 표면적 해석이자 착각일 뿐입니다. 미국은 실제로 패권을 포기하는 것이 아니라 새로운 국제질서 변화에 따라 패권을 유지 또는 강화하기 위한 우선순위를 재정리하고 있을 따름입니다. 그리고 이 변화의 핵심은 강대국의 패권 전략이라고 할 수 있는 "1+3 전략(1군 국가와 3군 국가의 연대를 통한 2군 국가 견제 전략)"에서 찾아볼 수 있습니다.

1+3 전략: 강대국의 패권 전략

패권국의 전략은 단순하지 않습니다. 강대국이 세계 질서를 유지하는 과정에서 펼치는 외교·경제·군사적 조치는 철저한 계산과 이해득실 속에서 결정됩니다. 제가 처음 정의한 1+3 전략은 바로 이러한 강대국의 행동 원리를 해석하는 개념입니다. 이는 패권국이 패권에 도전하는 2군 국가(경쟁국)를 견제하기 위해 3군 국가(보완국)와 연대하는 전략을 뜻합니다. 기존의 국제 패권 전략이라 하면 언뜻 제갈공명의 정족지계(鼎足之計)가 떠오릅니다. 이 천하삼분지계는 2군 국가(오)와 3군 국가(촉)가 힘을 합쳐 1군 국가(위)를 견제하는 방법입니다. 이 전략은 유비를 탄복시킨 천재적 발상이었음에도 불구하고 반드시 성공하는 것은 아닙니다. 그리고 설혹 성공한다 해도 대등한 전력 탓에 상당한 피해를 감수하지 않을 수 없습니다. 2등과 3등이 힘을 합치면 1등을 이길 수도 있고, 질 수도 있고, 그리고 이기더라도 피해가 막대할 수 있다는 것입니다.

그러나 1군 국가가 자신의 패권을 유지하기 위해 3군 국가와 연대하게 되면 압도적인 전력 차이로 인해 100퍼센트 승리가 보장됨과 동시에 피해 또한 최소화할 수 있습니다. 이런 측면에서 미국의 1+3 전략은 제갈공명의 정족지계보다 한 단계 더 발전된 전략이라고 할 수 있습니다.

미국의 패권은 1+3 전략의 성공에 의한 것이라 해도 과언이 아닙니다. 제2차 세계대전 이후 미국은 패권에 도전하는 소련을 견제하기 위해 과거 적국이던 독일과 일본을 경제적으로 부흥시켰습니다. 패전국이었던 두 나라를 자본과 기술로 지원하며 서방 진영의 핵심으로 만들었고, 이는 결과적으로 소련의 몰락을 초래하는 데 크게 기여했습니다. 또 1980년대 일본 경제가 미국을 위협하자 미국은 플라자 합의를 통하여 일본 엔화의 가치를 두 배 가까이 올렸습니다. 이 기회를 틈타 한국과 대만이 가격경쟁력으로 일본 상품을 압박했고 결과적으로 미국이 일본의 경제적 도전을 완전히 뿌리치는 결과를 초래했습니다. 이 같은 1+3 전략은 지금에도 반복되고 있습니다. 오늘날 미국은 중국을 포위하는 것을 최우선 목표로 합니다. 이를 위해 한국, 호주, 러시아와의 협력을 확대하려는 전략을 추진한 적이 있습니다. 트럼프 1기 행정부가 G7에 러시아와 한국을 포함하려 한 것도, 인도·태평양 전략을 강화하는 것도 모두 같은 맥락에서 이해할 수 있습니다.

1+3 전략을 보다 구체적으로 이해하기 위해서는 문명사적 변화에서 근본 원리를 찾아야 합니다. 역사는 반복됩니다. 그러나 시대와 환경의 변화에 따라서 다른 방식으로 반복됩니다. 과거 농업사회에서의 국제질서는 원교근공의 원칙을 따라 움직였습니다. 강대국들은 가까운 이웃나라를 공격하고, 먼 나라와 동맹을 맺음으로써 생존과 확장을 도모했습니다. 하지만 산업사회로 접어들면서 국가 간의 관계는 경쟁과 보완이라는 새로운 원리로 변화했습니다. 이제는 같은 산업을 두고 시장에서 경쟁하

는 나라와는 치열하게 싸우고, 부족한 생산요소를 서로 주고받을 수 있는 나라와는 협력하는 시대가 도래한 것입니다.

농업사회의 패권 전략: 원교와 근공

농업사회에서 경제적 가치는 토지에서 나왔습니다. 농업 생산은 산술급수적으로 증가하는 반면 인구는 기하급수적으로 증가한다는 맬서스의 인구론이 보여 주듯이, 국가가 부를 축적하는 가장 효과적인 방법은 더 많은 땅을 확보하는 것이었습니다. 문제는 이웃 국가도 같은 상황에 놓여 있었다는 것입니다. 따라서 가장 현실적인 해결책은 국경을 맞댄 이웃나라를 공격하는 근공(近攻)으로 영토를 확장하는 것이었습니다.

그러나 이웃나라와의 전쟁에서 승리하기 위해서는 우호적인 세력과 동맹을 맺어야 했습니다. 적의 적은 곧 동지라는 논리가 작용하며, 먼 나라와 손을 잡는 원교(遠交)가 필연적으로 요구되었습니다. 로마제국이 주변국을 하나씩 정복해 나가면서도, 강력한 적과 싸울 때는 동맹을 활용했던 방식이 바로 원교근공의 대표적 사례입니다. 몽골제국 또한 동일한 방식으로 유라시아를 정복해 나갔습니다. 원교근공의 원리는 농업사회에서 국토를 유지하고 확장하는 데 있어 필연적인 전략이었습니다.

하지만 이 논리는 산업사회에 들어서면서 변형된 모습으로 나타나기 시작했습니다. 산업경제의 성장은 단순한 영토 확장을 통해서가 아니라, 기술과 자본 등의 생산요소 그리고 상품시장을 얼마나 많이 또 효율적으로 확보하느냐에 따라 결정되기 때문입니다.

산업사회의 패권 전략: 경쟁과 보완

산업사회에서는 국가 간 경쟁과 보완 관계가 패권 유지의 핵심 원리입니다. 과거 농업사회에서는 영토 확장이 경제적 부의 원천이었기 때문에 강대국들은 인접국을 침략하여 점령과 지배를 통해 부를 축적하였습니다. 그러나 산업사회에서는 단순한 영토 확장보다 원료, 소재, 부품, 장비, 기술 등 생산요소 확보와 함께 상품시장을 장악하는 것이 패권 유지를 위한 경제적 부의 원천으로 작용하고 있습니다.

미국이 20세기 후반 이후 유지해 온 패권 전략은 산업적 경쟁과 보완 관계를 기반으로 한 방식이었습니다. 같은 산업 구조를 가진 국가들은 필연적으로 경쟁할 수밖에 없습니다. 과거 미국은 일본이 자동차, 반도체, 가전 등의 산업에서 위협적인 경쟁자로 떠오르자 1980년대 '플라자 합의'를 통해 일본의 성장을 억제했습니다. 현재 중국의 반도체, 자율주행차, 로봇, 인공지능 등의 도전에 직면해 있는 미국은 유사한 방식으로 중국의 도전을 뿌리치려 하고 있습니다.

반면, 특정 국가와는 산업적 보완 관계를 형성하여 경제적·외교적 동맹을 강화하는 방식도 함께 활용되고 있습니다. 미국이 반도체 분야에서 일본, 한국과 기술 협력을 강화한다거나, 인도나 동남아 국가들과는 제조업 생산 네트워크를 구축하는 것도 같은 맥락입니다. 미국이 도전국에 대해 직접 대응하기보다 자신과 보완 관계에 있는 제3의 국가들을 우호 세력으로 흡수하는 것은 산업사회의 경쟁과 보완 원리에 최적화된 필승 전략입니다.

미국은 이러한 산업 패권 유지 전략을 실질적으로 유효적절하게 활용하고 있습니다. 트럼프 1기 행정부는 무역과 석유로 중국을 포위·압박하기 시작했습니다. 바이든 행정부는 무역과 첨단기술로 중국을 포위·압박하였습니다. 이제 트럼프 2기 행정부는 또다시 무역과 석유 무기화에 전력을 다하고 있는 것으로 보입니다. 러우 전쟁 종전을 위한 협상에서 러시아의 입장에 우호적인 것이나, 사우디아라비아에 적대적인 예멘 폭격이나 이란에 대한 강경 대처 등 미국의 국제적 행보 하나하나가 모두 대중국 석유 무기화에 초점이 맞추어져 있는 것으로 보입니다.

이처럼 현대 산업사회에서 패권 유지 전략은 단순한 군사력 과시가 아니라 산업적 측면에서 경쟁과 보완 관계를 정교하게 설계하고 활용하는 방식으로 진화하고 있습니다.

산업사회의 경쟁과 보완 구조를 활용하는 미국의 1+3 패권 전략은 1군 국가(패권국)가 2군 국가(도전자)의 성장을 억제하기 위해, 3군 국가(보완국)와 연대하여 기존의 패권 질서를 유지하는 것입니다. 미국이 반도체 분야에서 중국을 견제하기 위해 EU, 일본, 한국, 대만 등과 협력하는 것이 그 예입니다. 이처럼 세계 질서는 원교근공에서 경쟁과 보완의 원리로 변화했습니다. 과거 근공국은 현재 경쟁국이고, 과거 원교국은 현재 보완국인 셈입니다. 이제 강대국은 단순한 군사적 동맹이 아니라, 경제적 경쟁과 보완 관계를 활용한 압박과 연대 전략을 통해 패권을 유지하고 있습니다. 이러한 1+3 전략의 관점에서 미국이라는 강대국의 패권 전략을 다시 한번 살펴보겠습니다.

미국의 패권은 쇠퇴하고 있는가?

미국의 패권이 쇠퇴하고 있다는 주장은 오랫동안 반복되어 온 논의입니다. 폴 케네디는 『강대국의 흥망(The Rise and Fall of the Great Powers)』에서 제국이 과도하게 확장하면 필연적으로 쇠퇴한다는 논리를 제시했습니다. 즉, 강대국이 원교근공 전략에 의해 국토를 계속 확장하다 보면 국경이 길어지고 병참선이 멀어져 전쟁 비용이 전승 수입을 초과하고 국토 유지 비용이 국토 생산 수입보다 많아져서 결국 제국이 붕괴하게 된다는 것입니다. 이는 로마제국, 몽골제국, 스페인제국 등 모든 농업사회의 제국이 맞닥뜨렸던 공통된 패턴이었습니다. 로마제국의 초대 황제 아우구스투스의 유언으로 '북으로는 라인강과 도나우강을 넘지 말고 동으로는 유프라테스강 남으로는 북아프리카를 넘지 말라!'라는 말이 전해 오는 것도 농업사회에서 제국의 과잉 확장을 경계한 교훈이었습니다.

그러나 이 같은 논리가 농업사회에서는 유효할지 몰라도, 산업사회에는 적용되지 않습니다. 농업사회에서는 생산이 체감하고 경제성장이 감속하기 때문에, 국토가 확장될수록 수익보다 비용이 커져 국가경제에 부담으로 작용했습니다. 하지만 산업사회에서는 규모의 경제, 기술의 경제 등에 따라 생산이 체증하고 경제성장이 가속하기 때문에 제국의 산업 규모가 커지면 커질수록 수익이 비용보다 더 커지게 됩니다. 아직까지 미국은 역사상 가장 효율적으로 패권을 운영해 온 국가이며, 군사력, 금융, 기술력을 동원하여 패권을 유지하는 방식을 변화시키고 있을 뿐입니다.

지금도 많은 학자들이 미국의 패권이 쇠퇴하고 있는 것이 사실이라고 믿고 있습니다. 이것은 미국이 세계 경제에서 차지하는 비중이 감소하고 있는 통계수치를 근거로 미국의 패권이 약화되고 있다고 해석하는 것입니다. 하지만 이는 상대적 비율(%)만을 본 착시현상입니다. 절대적인 경제 격차를 살펴보면, 오히려 미국과 다른 국가 간의 차이는 더욱 커지고 있습니다. 미국과 EU, 미국과 일본 등의 선진국 사이에서 미국은 경쟁국과 절대 격차를 점점 더 벌려 가고 있습니다. 예외적인 경우로서, 중국이 빠른 경제성장을 이루면서 GDP 규모 면에서 곧 미국을 따라잡을 것처럼 보이지만, 이 또한 그렇지 않습니다. IMF 자료에 따르면, 2015년 미국의 실질 GDP는 23.7조 달러, 중국은 11.2조 달러였습니다. 10년 뒤인 2025년에는 미국이 30.3조 달러, 중국은 19.5조 달러로 성장하며, 중국은 무려 74퍼센트의 고성장률을 기록했습니다. 이에 반해 미국은 28퍼센트 성장에 그쳤습니다. 2015년 두 국가 간의 GDP 격차는 12.5조 달러에서

2025년 10.8조 달러로 축소되었습니다. 그러나 중국은 GDP에서 14억 인구의 의식주에 들어가는 필수소비를 빼고 나면 국력 증진의 척도라 할 수 있는 실제 투자 가능 재원에 있어서 미국을 앞서는 일은 요원해 보입니다.

설혹 중국이 고도성장을 계속해서 GDP 총량뿐 아니라 실제 투자 가능 재원이 미국을 앞선다고 해도 미국과 동일한 수준의 패권을 행사하기는 어렵습니다. 미국이 보유한 금융 패권(달러 기축통화), 기술 패권(반도체, 인공지능, 우주산업 등), 군사력(항공모함, 핵전력, 군사동맹 네트워크) 등의 핵심 요소에서 미국은 여전히 압도적인 우위를 차지하고 있습니다. 결국, 중국의 빠른 경제성장은 숫자상 곧 미국을 추월할 것처럼 보이지만, 절대 격차는 아직 큰 차이를 보이고 있습니다. 게다가 최근 미국은 플랫폼 산업, 인공지능 등 첨단기술 산업을 기반으로 중국과의 격차를 벌려 나가기 시작하였습니다.

혹자는 미국이 월남전에서 패한 것이 미국의 쇠퇴를 상징하는 사실이라고 합니다. 그러나 미국은 호치민 정권의 베트남 통일이 장기적으로 미국의 대외정책에 큰 장애가 되지 않는다는 판단하에 실익이 없는 전쟁을 중단하고 철수한 것뿐입니다. 최근 미국이 아프가니스탄과 이라크에서 철수한 것도 셰일 혁명으로 더 이상 중동 석유에 의존할 필요가 없어졌기 때문에 실익

없는 전쟁을 중단한 것에 불과합니다.

미국은 패권을 포기하는 것이 아니라, 더욱 효과적으로 유지하는 방향으로 전략을 수정하고 있을 뿐입니다. 이는 미국의 '쇠퇴'가 아니라, '전략적 재편'으로 이해해야 합니다.

한국은 1+3 전략을 사용할 수 없는가?

다소 엉뚱한 질문이지만 혹시 한국은 미국과 같은 1+3 전략을 구사할 수 없을까요? 정답은 명확합니다. 불가능합니다. 1+3 전략은 패권국이 사용하는 전략으로, 강대국의 전유물이기 때문입니다.

"우리가 3군 국가라면, 미국에게 직접 제안해서 1+3 전략의 일원이 되면 되지 않을까?" 하는 생각도 할 수 있습니다. 그러나 1+3 전략의 주체는 철저히 1군 국가입니다. 미국은 언제나 자신에게 가장 효율적인 파트너만을 선택합니다. 대한민국보다 더 비용-편익 분석에서 우수한 후보가 있다면, 주저 없이 다른 3군 국가를 선택할 것입니다. 한국보다 인도나 베트남과의 연대가 더 유리하다고 판단되면 그쪽을 택하는 것이 냉정한 현실입니다. 결국 우리는 제안하는 위치에 있는 것이 아니라, 선택받는 입장에 있는 것입니다.

역사를 봐도 이 원칙은 변함없습니다. 제2차 세계대전 이후, 미국이 과거의 적국 독일과 일본을 3군 국가로 초대한 이유는 간단합니다. 기술력과 산업 기반이 이미 준비된 가장 효율적인 파트너였기 때문입니다. 이후 일본 경제를 견제할 때 한국과 대만이 선택된 것도 마찬가지 원리였습니다. 그 선택의 기준은 어디까지나 1군 국가의 필요와 계산입니다. 우리가 그 안에서 주도권을 가질 수 없다는 점을 분명히 이해해야 합니다.

그렇다면 대한민국은 늘 강대국 사이에서 주변부에 머물기만 해야 할까요? 반드시 그렇지는 않습니다. 다만, 우리의 현실과 한계를 냉정히 인정하되 강소국에 맞는 전략을 찾아야 합니다. 그 전략이 바로 한국형 1+3+5 전략입니다. 1+3+5 전략이란, 1군, 3군, 5군 국가 간의 협력 체계를 뜻합니다. 3군 국가 한국이 뒤쫓으며 경쟁하던 EU와 일본 그리고 이제 한국을 추월해 앞서 나가는 중국을 2군 국가라고 하면 이들과 치열하게 경쟁하며 패권국의 위치를 지켜 나가고 있는 미국이 1군 국가입니다. 또 3군 국가 한국을 뒤쫓으며 경쟁하는 베트남·인도 등 개발도상국들을 4군 국가라고 하면 이들과 경쟁하며 전 세계에 자원·에너지 등을 생산·공급하는 러시아·남미 국가들을 5군 국가로 정의할 수 있습니다. 기존의 1+3 전략이 강대국의 과점 패권 전략이라면 1+3+5 전략은 3군에 위치한 강소국이 1군 강대국의 과점 패권과 동반하는 전략입니다. 다행히 미국의 1+3 전략과 한국의 1+3+5 전략이 톱니바퀴처럼 맞물려 돌아갈 수 있기에 이는 현재 대한민국이 처한 구조적 한계와 지정학적 위기를 돌파할 수 있는 실질적 해법입니다.

앞으로 우리는 다음 질문에 답해야 합니다. 과연 우리에게 가장 필요한 5군 국가는 어떤 나라이며, 한국이 선택해야 할 전략적 파트너는 어느 나라일까요? 이미 힌트는 드렸습니다. 그러나 그 결론에 이르기 전에, 한국의 지정학적 한계와 강대국 패권의 제약을 더 깊이 이해해야 합니다. 위기에 처한 현실을 정확히 분석할 때만 올바른 전략이 완성됩니다. 그리고 다음 장에서 살펴볼 대한민국이 처한 위기와 그 배경은 이를 이해하는 중요한 열쇠가 될 것입니다.

자원빈국의 저주:

태생적 한계를
극복할 수 있는가

국제우주정거장에서 촬영한 에버기븐호,
미국 항공우주국(NASA).

2021년 수에즈 운하를 가로막은 컨테이너선 에버기븐호.
단 한 척의 배가 세계 교역의 12%를 멈춰 세운 이 사건은,
해상 수송로에 생명선을 의존하는 자원빈국의 구조적 취약성을 드러냈다.

"우리는 해상무역에 대한 기존의 관점을
과감히 바꾸어야 합니다."

대한민국은 세계가 주목하는 신흥 경제 강국이자 첨단산업 기술을 보유한 국가입니다. 전후 라인강의 기적은 전쟁으로 파괴된 독일을 재건한 것이지만 한강의 기적은 전쟁의 폐허 속에서 불과 반세기 만에 세계 10위권 경제 대국으로 성장한 기적 중의 기적이었습니다. OECD 보고서에 의하면 영국이 128년, 독일이 80년 걸린 경제성장을 한국은 불과 25년 만에 해냈습니다. 한강의 기적은 단순히 빠르게 성장한 것뿐만이 아니라, 대한민국이 안고 있는 여러 가지 태생적 한계를 극복해 낸 것입니다. 석유 한 방울 나지 않는 한국이 어떻게 단기간에 산업화에 성공할 수 있었는지를 이해하려면, 세계적으로 보면 자원이 많은 나라가 반드시 잘 사는 것은 아니라는 사실을 먼저 떠올릴 필요가 있습니다. 오히려 자원의 저주(Dutch Disease)에 빠지는 경우도 적지 않습니다. 남미, 중동, 아프리카 등의 자원부국 중 선진국을 찾아보기 어렵습니다. 선진국 중에서는 대표적인 사례로 네덜란드의 사례가 회자되고 있습니다. 1959년, 흐로닝언 인근 초원에서 대규모 가스전이 발견되며 네덜란드는 유럽 최대 천연가스 생산국으로 떠올랐지만, 넘쳐나는 돈은 인플레이션을 불러오고 생산성을 떨어뜨렸습니다. 결국 경제는 침체를 맞았고, 2024년에는 지진 발생 위험으로 가스전 폐쇄를 결정하기에 이르렀습니다.

자원의 저주 vs. 자원빈국의 저주

하지만 자원의 저주보다 더 혹독한 현실이 있습니다. 바로 자원빈국의 저주입니다. '자원의 저주'가 자원이 풍부한 국가가 오히려 경제적 침체에 빠지는 현상을 의미하는 반면, '자원빈국의 저주'는 말 그대로 전략 자원이 부족해 외부에 지나치게 의존하는 국가가 겪는 구조적 취약성을 뜻합니다. 한국은 대표적인 자원빈국입니다. 대한민국은 태생적으로 자원이 부족합니다. 석유 한 방울 나지 않으며, 금속, 비금속, 전략 광물에서 희토류에 이르기까지 그 대부분을 해외 수입에 의존합니다. 반도체, 전기차 배터리, 디스플레이, 철강 등 우리 주력 산업 모두 안정적인 자원 조달 없이는 지속이 어렵습니다. 1970년대 두 차례의 오일쇼크는 이러한 구조적 취약성을 여실히 드러낸 사건이었습니다. 중동 산유국들의 석유 금수 조치는 세계 경제를 마비시켰고, 대한민국의 제조업과 내수 경제에도 심각한 타격을 입혔습니다. 정부는 차량 10부제, 심야 전력 제한 등 극단적 조치를 시행하며 고비를 넘겼지만, 많은 기업들이 경영난을 피할 수 없었습니다. 석유 확보에 도움이 될까 하여 강남 중심대로의 이름을 이란의 수도 이름을 따 '테헤란로'로 개명한 것 또한 당시 오일쇼크의 심각성을 보여 주는 증거입니다. 이러한 열악한 조건에서도 대한민국이 놀라운 성장을 이루어 낸 것은 석유 등 원자재를 해외에서 수입할 수 있는 바닷길이 열려 있었기 때문입니다. 하지만 자원빈국의 저주는 결코 사라지지 않습니다. 자원의 생산과 운송 등의 외부 공급망이 다양한 위험에 끊임없이 노출되고 있으며, 그 위험은 언제든 우리의 발목을 잡을 수 있기 때문입니다.

현대 산업사회에서 자원 확보는 곧 생존 문제입니다. 한국은 자원빈국인 동시에 수출 의존 경제구조를 가지고 있습니다. 석유, 광물, 원자재 등 자원을 바닷길을 통해 배로 실어 와야 합니다. 우리가 생산한 상품 또한 같은 바닷길을 통해 수출해야 합니다. 그 물류 경로가 안전하고 안정적으로 유지되어야 산업과 경제가 멈추지 않고 제대로 작동할 수 있습니다. 예컨대, 블룸버그 이코노믹스의 자료에 의하면 양안 전쟁 즉 대만과 중국 간의 무력 충돌이 발생한다면 가장 큰 피해는 대만이 입겠지만, 두 번째로 피해를 보는 나라는 바로 한국이 될 것이라고 합니다. 양안 전쟁에 참전도 하지 않는 한국이 이렇게 심각한 피해를 입는 이유는 바닷길은 막히는데 마땅한 대체 항로가 없기 때문입니다. 블룸버그 이코노믹스의 예측은 결코 과장이 아닙니다. 대체 불가능한 바닷길이 막히면 수입도 수출도 할 수 없습니다.

대한민국은 자급자족이 불가능한 국가입니다. 자원과 에너지를 자급할 수 없고 국내시장이 작은 태생적 한계는 수출입을 통해 극복할 수 있지만 우리가 수출입을 거의 전적으로 의존하고 있는 수에즈 항로에 산재한 위험 요소들은 우리 경제와 산업의 근본적인 족쇄나 다름없습니다. 이 또한 자원빈국의 저주로서 단순한 일시적 리스크가 아니라 자손만대 국가의 생존을 수시로 위협할 수 있는 구조적 문제입니다. 이러한 현실을 우리는 미국이 주도하는 세계질서에 편입함으로써 지금까지 자연스레 해결해 왔습니다. 냉전시대 이래 미국은 자유민주 세계의 보호자로서 또 미국에 부족한 석유와 가스를 중동에서 수입하기 위해서 바닷길의 수호자 역할을 자임해 왔기 때문입니다. 그리고 셰일 혁명으로 미국이 더 이상 중동 석유에 의존할 필요가 없어지자 트럼프 행정부는 세계 각국에게 미국의 역할에 상응하는 비용을 부담하든지 아니면 각자도생으로 살길을 직접 찾아 나서라고 통고하기에 이르렀습니다. 오일쇼크 이래 잠시 잊고 있었던 자원빈국의 저주가 또다시 한국 경제에 심각한 위협으로 등장하고 있습니다.

위태로운 한국의 생명선:
수에즈 항로의 위기

현재 대한민국의 무역과 물류는 오직 한 개 특정 항로에 편중되어 있습니다. 우리나라 수출입 물동량의 상당 부분이 남중국해, 말라카 해협, 수에즈 운하를 직렬로 연결하는 단 하나의 항로를 경유합니다. 이 수에즈 항로는 여러 가지 심각한 구조적 취약성을 안고 있습니다.

첫째, 남중국해는 국제 해양 분쟁의 중심지입니다. 중국, 일본, 필리핀, 베트남, 말레이시아 간의 도서 및 해양영토 영유권 분쟁이 격화되고 있고, 중국의 군사적 활동도 수시로 확대되고 있습니다. 만약 항로 봉쇄나 무력 충돌이 일어난다면, 우리의 해상 물류는 순식간에 마비될 수 있습니다.

둘째, 말라카 해협은 이미 포화 상태입니다. 하루 평균 200여 척의 대형 선박이 통과하는 세계에서 가장 혼잡한 해상 통로이며, 한 번의 해양 사고나 테러 위협은 글로벌 공급망 전체를 흔들 수 있습니다. 중국이 말레이 반도 중간에 태국과 함께 크라 운하(Kra Canal) 건설을 시도했던 점이 이러한 위기감을 방증합니다. 가장 좁은 곳은 폭이 2.8킬로미터에 불과하고 수심도 깊어야 25미터밖에 안 되는 이 협소한 항로는 2014년 전 세계 해적 사고의 반 이상이 이곳에서 발생했을 만큼 안전에 취약하여 언제 해협이 막혀도 놀라운 일이 아닐 만큼 상시적인 위험에 노출되어 있습니다.

셋째, 수에즈 운하의 병목 현상은 확장 공사 이후에도 개선되지 않고 있습니다. 세계 물동량의 상당 부분이 통과하는 이 항로는 만성적인 정체 상태이며, 그로 인한 경제적 파급력은 상상 이상입니다. 2021년 수에즈 운하에서 벌어진 '에버 기븐호'의 좌초 사고는 단 6일간의 사고로 세계 교역량의 12퍼센트 이상이 멈추는 초유의 사태를 일으켰습니다. 한 번의 사고가 전 세계 물류망을 일주일 이상 멈춰 세우고 원자재 가격과 해운비를 폭등시키는 일은 언제든 재현될 수 있습니다.

넷째, 인도양과 호르무즈 해협은 소말리아 해적, 예맨 후티

반군과 미국과 이란 간의 잠재적 위협이 맞물린 복합적 위험 지대입니다.

자연재해, 무력 영토분쟁, 해적의 위협이 공존하는 지역을 직렬로 모두 거쳐 가야 하는 우리 물류는 늘 불안정한 상황에 놓여 있습니다. 결국 대한민국 경제는 '세계 어디서든 사고가 발생하면 그 충격이 곧바로 파고들 수 있는' 취약한 구조 속에 있는 셈입니다.

대한민국의 희망: 거점항구

대한민국은 전략적 거점항구가 없습니다. 이것은 어느 누구의 잘못이 아니라 한반도가 거대 항로에 인접해 있지 않기 때문입니다. 만약 거점항구가 생긴다면 국가 경쟁력의 핵심 기반이 대폭 강화될 수 있을 것입니다. 거점항구란 단순한 물류 환적지가 아닙니다. 기술, 금융, 산업, 문화가 융합된 복합 네트워크의 중심지이자, 글로벌 밸류체인(Value Chain)의 심장입니다. 다시 말해, 물건이 '스쳐 가는 곳'이 아닌, '머무르고, 재생산되고, 자본과 지식이 축적되어 새로운 부가가치를 창출하는 곳'이어야 진정한 거점항구라 할 수 있습니다.

부산항은 세계 5위권 규모의 항만으로 성장했지만, 여전히 주변부의 환적 중심 항만의 기능에 머물러 있습니다. 환적항이란 단순히 물건이 들렀다 가는 중계 기지이며, 거점항구는 생산·금융·기술·문화가 교차하는 다차원적 인프라입니다. 이것이 두 항만의 결정적 차이입니다.

거점항구는 내생적 성장의 필수 조건입니다. 물류를 단지 통과시키는 것이 아니라, 그 안에서 가치를 창출할 수 있어야 기술과 자본이 축적됩니다. 단지 수출입량이 많은 것이 아니라, 거래가 발생하고 산업이 탄생하는 장소가 되어야만 외부 충격에 흔들리지 않는 경제를 구축할 수 있습니다.

북극항로가 열리고 우리가 그 거점항구를 유치한다면 대한민국은 글로벌 공급망의 주변부에서 중심부로 도약할 수 있습니다. 이것은 대한민국이 동북아시아에서 미국, 러시아, 일본, 중국 4강의 세력 균형의 조정자로서 위상을 갖도록 할 것입니다. 4강 중 어느 누구도 북극항로 거점항구와 직결된 이해관계로부터 자유로울 수 없을 것이기 때문입니다.

그러나 가장 큰 문제는, 설령 북극항로라는 새로운 무역로가 개통된다 하더라도, 거점항구를 유치하지 못하면 대한민국은 그 경제적 혜택도 국제적 위상도 부여받을 수 없다는 점입니다. 북극항로는 배들이 스쳐 지나가는 항로일 뿐, 이를 붙잡을 '기착지'가 없으면 우리는 단순한 통과지에 그칠 뿐입니다. 결국 거점 항구 없이는, 눈앞의 기회를 잡을 손이 없는 셈입니다.

자원빈국의 저주는 극복 가능할까?

미국이 더 이상 세계 경찰 역할을 자임하지 않으면서, 글로벌 해상 교통의 안정성과 안전을 담보했던 기존의 국제질서가 흔들리기 시작했습니다. 양안 전쟁, 홍해 사태, 수에즈 운하 봉쇄 위험 등은 한국과 같은 자원 의존국에게 실질적인 생존의 위협으로 다가옵니다. 이처럼 기존의 자원 수입 루트가 위협받는 상황, 바로 이것이 우리가 겪고 있는 '한국적 자원빈국의 저주'입니다.

그러나 이 저주를 극복할 수 있는 대안이 등장하고 있습니다. 지구 온난화와 기술 발전으로 인해 북극항로의 조기 개통 가능성이 열리고 있다는 사실은 매우 고무적입니다. 북극을 가로지르는 이 새로운 물류 루트는 기존의 수에즈 운하와 말라카 해협을 대체할 수 있는 전략적 대안으로 주목받고 있습니다. 더욱이, 러시아 북극권에는 엄청난 양의 석유·가스뿐 아니라 첨단기술 생산에 꼭 필요한 희토류도 상당량 매장되어 있는 것으로 알려져 있습니다. 이는 무역 경로의 변화와 함께 대한민국의 에너지와 자원 수급 구조의 근본적인 재편 가능성을 의미합니다.

대한민국이 이 변화의 기회를 선제적으로 활용하지 못한다면, 외부 리스크가 확대될 때마다 엄청난 피해를 감수할 수밖에 없습니다. 한국 경제는 언제든 불안정해질 수 있으며, 그 부담은 결국 미래 세대에게 전가될 것입니다. 지금 이 기회에, 우리는 해상무역에 대한 기존의 관점을 과감히 바꾸어야 합니다. 상품의 수출과 자원의 안정적 확보는 대한민국 경제의 필수 생존 조건이며, 그 성공과 실패는 한미러의 합종을 통한 북극항로 선점과 거점항구 유치 여부에 달려 있습니다.

한반도가

타고난
지정학적 저주

〈동래부순절도(東萊府殉節圖)〉(1760년), 변박(卞璞) 작,
육군박물관 소장.

임진왜란 당시 동래성에서 왜군에 맞선 치열한 전투를 담은 그림.
대륙 세력과 해양 세력 사이에 위치한 한반도가 수천 년간 겪어온
지정학적 저주의 비극을 압축적으로 보여 준다.

"산업사회가 도래하며, 국제관계는 영토 쟁탈전에서
시장 쟁탈전으로 바뀌었습니다.
그러나 경쟁과 갈등의 문명사적 본질은 변하지 않았습니다."

임진왜란과 병자호란은 한국인의 역사적 트라우마로 남아 있습니다. 이순신이라는 불세출의 민족적 영웅의 등장도 역설적으로 우리가 외침에 시달렸기 때문일 것입니다. 우리는 왜 그렇게 역사적으로 끊임없이 침략을 받았을까요? 그 해답은 지리적 위치에서 찾을 수 있습니다. 동북아에서 대한민국은 역사적으로 끊임없는 침략과 갈등의 중심에 서 있었습니다. 이러한 숙명은 단순한 우연이 아니라, 도서국 일본과 내륙국 중국 사이에 위치한 연안국 한국의 지리적 구조에 기인한 지정학적 운명 때문입니다.

농업사회에서는 쌀이든 밀이든 모든 생산이 토지를 기반으로 창출되기 때문에 영토 확장이 곧 국가 발전이었고 우리는 영토 확장을 두고 동서로 인접한 일본 및 중국과 치열하게 다투어 왔습니다. 연안국 한국은 구조적으로 매우 불리한 위치에 있습니다. 저는 이것을 일컬어 지정학적 저주라 부릅니다. 지정학적 저주란 연안국이 해군이 강한 도서국의 침략은 받아도 바다를 건너 쳐들어갈 수는 없고, 내륙국이 대륙에서 통일되어 덩치가 커지면 결국 연안국 쪽으로 밀고 내려올 수밖에 없는 구조적인 국가의 운명을 의미합니다.

그런데 과거 농업사회에 있었던 연안국의 지정학(地政學)적 저주가 현대 산업사회에서 지경학(地經學)적 저주로 되살아나고 있습니다. 반도체 등 첨단 중간재 생산에 비교우위를 가진 한국은 소재, 부품, 장비 등 상류 부분에 비교우위를 가진 일본과 하류 소비자 제품 생산에 비교우위를 가진 중국 사이에서 '넛 크래커'처럼 협공을 당하기 십상입니다. 이런 산업사회의 지경학적 저주를 이해하는 핵심 키워드는 주변국과의 상품 경합도입니다. 상품 경합도란 특정 상품 내지는 산업에서 여러 나라나 산업 간에 경쟁하는 정도를 의미합니다. 쉽게 말해 서로 비슷한 상품을 만들어 같은 시장을 놓고 승자독식의 무한 경쟁을 하는 정도입니다. 1980~1990년대 한국은 석유, 가전, 선박, 자동차, 반도체 등 시장을 두고 일본과 치열하게 경쟁했습니다. 2000년대 이후에는 LCD, 배터리 등이 추가된 상태에서 중국과 또다시 치열하게 경쟁하고 있습니다. 과거 우리 선조들이 작은 연안국으로서 큰 도서국 일본과 더 큰 내륙국 중국 사이에서 불리한 싸움을 피할 수 없었던 것이 지정학적 저주라면, 현재 작은 산업국 한국이 상류에 있는 큰 산업국 일본과 하류에 있는 더 큰 산업국 중국과 불리한 위치에서 경쟁을 피할 수 없는 것을 지경학적 저주라 할 수 있습니다.

농업사회의 지정학적 저주: 프랑스보다 더 불리한 한국

앞서 살펴본 바와 같이 농업사회에서는 토지가 부의 유일한 근원이었기에 주변국을 침략하고 영토를 넓히는 것이 곧 국가 발전의 길이었습니다. 섬나라인 영국이 강력한 해군을 앞세워 백년전쟁 이래 연안국 프랑스를 십수 차례나 침략했던 역사, 그리고 내륙국 독일이 주변국 점령으로 덩치를 키워 양차에 걸친 세계대전에서 프랑스를 침략한 역사는 그 대표적인 사례입니다. 연안국은 지리적 특성상 국방력이 해군과 육군으로 분산되어 강력한 도서국 해군에게 침략은 당해도 바다 건너 섬나라를 침략하기는 어려웠습니다. 내륙국은 대륙 쟁패를 위해서 여러 민족, 여러 국가가 치열하게 싸우고 또 싸워서 덩치가 커지고 막강한 전투력을 갖추게 되면 제국통일의 대업을 달성하기 위해서 연안국을 향해 쳐들어오기 마련이었습니다. 연안국 입장에서 피할 수 없었던 이러한 침략을 받은 역사적 운명을 '지정학적 저주'라고 부릅니다.

이와 같은 농업사회의 지정학적 저주라는 문명사적 원리는 고금동서를 가리지 않고 모든 국가 간에 예외 없이 동일하게 적용되어 왔습니다. 도서국 일본과 내륙국 중국 사이에 위치한 한국과 도서국 영국과 내륙국 독일 사이에 위치한 프랑스의 같은 점은 도서국과 내륙국 사이에 낀 연안국이라는 점입니다. 그런데 두 나라의 다른 점은 한국은 덩치가 일본보다 작고 중국보다는 매우 작은데 프랑스는 국토와 인구 규모가 영국과 독일보다 크다는 점입니다. 우리가 이토록 불리하고 또 불리한 지리적 조건하에서 국가적 존엄성과 민족적 정체성을 지키며 수천 년을 버텨 온 것은 민족적 저력과 슬기 이외에 다른 방법으로는 설명하기 힘든 사실이라고 해도 과언이 아닙니다. 일부 유럽 역사학자들은 고려가 세계 최강 몽골제국과 30여년에 걸친 항몽전쟁을 지속했던 것을 세계사 속의 불가사의 중의 하나라고 언급하기까지 한 바 있습니다. 그렇게 강인한 우리 한민족이 한때 일제의 식민지로 전락하고 말았던 것은 일제가 서구에서 총포를 먼저 들여왔기 때문에 그 산업혁명이라고 하는 위대한 힘 앞에 모두 함께 죽느냐 아니면 일단 굴복하고 다음 기회를 기다리느냐 하는 단 두 가지 선택밖에 없었기 때문일 것입니다.

산업사회의 지경학적 저주: 영토에서 시장으로

산업사회가 도래하며, 국제관계는 영토 쟁탈전에서 시장 쟁탈전으로 바뀌었습니다. 그러나 경쟁과 갈등의 문명사적 본질은 변하지 않았습니다. 산업사회에서도 '상품시장 쟁탈전'이라는 새로운 형태의 지경학적 저주가 등장했기 때문입니다. 대한민국은 일본의 산업을 배우고 모방하며 성장해서, 섬유, 가전, 반도체, 자동차 등 일본이 선점했던 산업 분야를 하나둘 따라잡았습니다. 그러나 그 결과, 한일 양국은 유사 상품의 세계시장을 두고 치열하게 경합하는 경쟁 관계가 되었습니다. 이것은 영국이 처음 성공한 산업혁명의 길을 미국이 따라가고 또 독일과 일본이 따라가고 한국이 뒤늦게 추격에 성공하였던 산업화의 자연스런 역사적 흐름일 뿐입니다. 이것은 마치 밀림을 뚫고 누군가 좁은 등산로를 개척하면 뒷사람이 그 길을 따라가며 길을 더 넓히고 또 더 편리하게 발전시켜 나가는 것과도 같은 것입니다.

이후 대한민국을 따라한 중국 경제의 약진으로 한국은 또다시 중국과 유사 상품들을 가지고 세계시장에서 치열하게 경쟁하는 구조에 놓이게 되었습니다. 섬유, 가전 등 전통산업 제품들은 말할 것도 없고, 디스플레이, 배터리 등 대한민국의 첨단기술 산업들도 이제 중국에게 이미 추월당했고 오직 반도체 D램에서만 겨우 박빙의 우위를 유지하고 있는 형편입니다. 이제 한중일 3국 간의 상품 경합도는 세계에서 가장 높은 수준입니다. 일본은 현재 한국이 비교우위를 점하고 있는 섬유, 가전, 조선, 반도체 등의 분야에서 대대적인 반격을 준비하고 있습니다. 세계 제조업을 석권하다시피 한 중국은 14억 인구의 거대 시장을 기반으로 디스플레이, 배터리, 반도체 등 거의 모든 첨단기술 산업 분야에서 '굴기'를 선언하며 중국 정부의 전폭적인 지원하에 공격적 투자와 기술 개발에서 우리를 이미 앞서 나아가, 현재 글로벌 시장 석권을 목전에 두고 인공지능, 휴머노이드 로봇, 자율주행 자동차 등의 분야에서 미국과 대치하고 있습니다.

요컨대, 일본과 중국은 과거 지정학적 시대에는 원교근공 중 '근공'의 대상이었으며 현대 지경학적 시대에 와서는 경쟁보완 중 '경쟁'의 대상인 것입니다. 한 가지 달라진 점이 있다면 과거 동아시아에는 우리와 연대할 원교의 대상국이 없었는데, 이제는 우리가 연대할 원교 즉 보완의 대상으로 미국과 러시아가 동아시아에서 본격적인 존재감을 드러내기 시작하였다는 점입니다.

일본은 2019년 고순도 불화수소 등 반도체 제조에 필수적인 소재들을 화이트 리스트에서 제외함으로써 한국 반도체 산업을 견제하려 했고, 중국은 2016년 사드 보복 조치로서 한국 산업과 상품은 물론이고 한류 콘텐츠 금지, K-POP 공연 제한 등을 통해 대한민국 경제에 상당한 타격을 입혔습니다. 산업사회에서 이러한 경제적 압박은 농업사회에서의 물리적 침략과도 같은 것입니다. 특히 통상적인 자유시장 경쟁의 범위를 넘어서 강대국 정부가 시장에 개입하여 경쟁국의 산업과 기업을 압박하면 지경학적 저주의 요인이 됩니다. 만약 한중일이 자유시장에서 공정하게 경쟁한다면 설혹 경쟁에서 지더라도 그것을 지경학적 저주라고는 할 수 없습니다. 그런데 일본과 중국이 시장에서 한국 제품을 의도적으로 차별하고 있다면 그것은 불공정 행위일뿐더러 한국 입장에서 지경학적 저주가 될 수 있습니다. 일본 내에서는 우익 세력의 반한 정서로 인해 세계 어느 나라 어느 시장에서도 일정 수준 이상의 시장점유율을 보이는 삼성 갤럭시 스마트폰과 현대자동차의 시장점유율이 낮습니다. 일본에서는 소비자 개개인들이 주변의 눈치를 보며 의도적으로 한국 제품을 피하는 경향이 있습니다. 중국에서는 과거 한때 삼성 갤럭시와 현대차가 부의 상징으로 인식되는 인기 상품이었으나, 사드 사태 이후 관 주도 반한 정서가 급격히 확산되면서 판매가

줄어들며 시장에서 퇴출되는 모습을 보이고 있습니다. 한중일 3국 간에 과거 농업사회의 지정학적 저주가 현대 산업사회에서 지경학적 저주로 또 한번 그 모습을 드러내기 시작한 것입니다.

지경학적 저주를 극복한 EU

농업사회에서 지정학적 저주는 극복하기 힘든 운명이지만 산업사회에서는 지경학적 저주를 극복하는 방법이 분명히 있습니다. 국가별 산업 간 상품 경합 대신 범국가적인 산업 내 분업을 추진하는 것입니다. EU는 지경학적 저주를 현명하게 극복한 사례입니다. EU는 독일, 프랑스, 영국 등 경쟁 관계에 있던 선진 산업국들이 국가 간 경쟁을 하기보다는 각자의 강점을 살려 대형 국책사업을 공동 수행합니다. 대표적인 사례로 갈릴레오 위성항법 시스템(Galileo GNSS)이 있습니다. 미국 GPS 의존도를 줄이고 기술 자립을 이루기 위해 유럽 각국은 치밀한 산업 내 역할 분담을 추진하였습니다. 독일은 위성 신호 처리 시스템과 지상 통제 센터를 구축하고, 프랑스는 위성 본체 제작과 신호 설계, 이탈리아는 위성 플랫폼과 추진 시스템 개발, 스페인은 통신 시스템과 모니터링 인프라, 영국은 암호 및 보안 기술을 담당하였습니다. 이처럼 고도화된 역할 분담을 통해 갈릴레오 프로젝트는 단일 국가가 아닌 EU 공동체 전체의 기술 자립과 산업 생태계 형성이라는 두 마리 토끼를 모두 잡는 데 성공한 사례로 평가받고 있습니다. 이러한 분업 체계는 '경쟁'을 넘어, 모두가 함께 성장할 수 있는 '보완'의 길을 열어 주었습니다.

역시 또 하나의 질문이 생겨납니다. '대한민국 그리고 중국과 일본은 산업 내 분업을 할 수 없는가'라는 질문입니다. 실제로 1990년대부터 2000년대 초반까지, 한중일 3국은 각국이 가진 산업역량의 비교우위에 따라 일시적으로 서로의 산업을 보완하며 동반 성장했습니다. 일본의 강점인 소재, 부품, 장비 등 자본재를 한국이 수입하여 중간재를 생산하고, 한국의 강점인 반도체, 석유화학, LCD 등 중간재를 중국이 수입하여 중국의 강점인 값싼 최종재로 만들어 전 세계로 수출하는 시기가 잠시 있었습니다. 이런 동북아 3국간의 '베세토(Beijing, Seoul, Tokyo)' 체계는 이상적인 산업 내 분업 구조의 실현이었습니다. 만약 이러한 베세토 분업체계가 오늘날까지 지속 발전되어 왔다면 지금쯤은 EU와 미국을 능가하는 동북아 경제 공동체로 발전할 수 있었을지도 모릅니다.

하지만 이 체계는 오래가지 못했습니다. 일본의 극우 세력과 혐한 분위기, 중국의 사드 보복과 자국 산업 굴기주의가 베세토 체계를 무너뜨렸습니다. 결국 한중일의 협력은 좌초했고, 다시 경쟁과 갈등의 구도로 회귀하게 되었습니다. 동북아의 지정학적 저주가 지경학적 저주로 겉모습만 바꾸었을 뿐입니다. 한중일은 EU와 같은 성숙한 산업사회의 협력 체계를 갖추지 못했던 것입니다. EU는 힘 있고 덩치가 큰 프랑스와 독일이 과거의 역사적 앙금을 털어 버리고 유럽석탄철강공동체(ECSC)를 발족시킴으로써 결국 오늘날 유럽 선진 산업국 간 경제공동체의 동반성장과 동반번영에 성공할 수 있었습니다. 그러나 동북아에서는 힘과 덩치가 큰 일본과 중국이 편협한 역사 인식과 근시안적인 경제적 이익에 집착한 나머지 이를 역행해 왔습니다. 이러한 측면에서 한국도 그 책임으로부터 자유로울 수 없습니다. 그러나 경쟁과 갈등이 협력과 상생을 압도하는 동북아의 현실은 상대적으로 경제 규모가 작아 불리한 위치에 있는 대한민국에게 한중일의 연횡보다는 또 다른 새로운 선택지를 찾아 나설 수밖에 없도록 강요하는 것 또한 사실입니다.

한중일 협력은 왜 실패했을까요? 표면적으로는 정치적 갈등과 외교 문제 때문이라고 하는 이도 있습니다. 그러나 그 이면에는 보다 깊은 구조적 문제가 자리하고 있습니다. 한국, 중국, 일본은 서로서로 세계 최고 수준의 상품 경합도를 가진 국가들입니다. 산업사회로 접어들면서 국가의 목표가 영토 확장에서 상품시장 장악으로 바뀌었지만, 국부 증진이라는 목적의 본질은 달라지지 않았습니다. 과거 농업사회에서 '근공'이라 불리던 국가 발전 원리가 산업사회에서도 '경쟁'이라는 형태로 또 다시 반복되고 있는 것입니다. 가까운 이웃을 무조건 경쟁자로 간주하고, 협력보다는 견제와 갈등의 대상으로 인식하는 구시대적 인식의 한계를 벗어나지 못하고 있습니다. 일본과 중국은 농업사회적 사고인 '소천하 통일관'에 갇혀 있습니다. 인접국과의 분업과 공동 발전 대신 제로섬 경쟁을 선택하고 있는 것처럼 보입니다. 서로의 강점을 인정하고 보완하여 동반성장을 꾀하는 대신, 같은 시장을 두고 뺏고 빼앗기는 쟁탈전을 벌여 가고 있는 것처럼 보입니다.

이 점에서 유럽은 분명히 다른 길을 걸었습니다. 유럽은 오랜 경쟁과 갈등의 역사를 딛고, '대천하적 관점'을 선택했습니다. 독일과 프랑스, 또 영국은 각국의 산업의 강점과 약점을 서로 인정하며 역할을 분담했고, 이로 인해 더 큰 시장을 함께 만들어 가고 있습니다. 앞서 소개한 갈릴레오 프로젝트와 ECSC의 사례 외에도 IPCEI(Important Projects of Common European Interest)의 사례를 주목할 만합니다. IPCEI는 EU가 국가 간 협력을 바탕으로 반도체, 배터리, 수소에너지 등 핵심 산업에서 전략적 기술 자립과 글로벌 경쟁력을 확보하기 위해 추진하는 공동 투자 프로젝트입니다. 예를 들어 반도체 분야에서는 독일이 첨단 제조 공정을, 프랑스가 연구개발을, 이탈리아가 장비와 부품을 각각 맡아 분업 구조를 형성하고 있습니다. 이러한 협력체계는 단순한 투자 이상의 의미를 가지며, 유럽 전역에 기술과 산업의 생태계를 조성하고 있습니다. 이는 경쟁을 넘어, 모두가 함께 성장할 수 있는 새로운 길을 열어 주었습니다. 그러나 동아시아 3국의 지도자와 지식인들은 여전히 소천하의 구시대적 사고에서 벗어나지 못하고 협력보다는 경쟁, 분업보다는 독점으로 문명사적 발전에 역행하고 있습니다. 바로 이것이 바로 한중일의 연횡이 이루어지지 않는 구조적 한계입니다.

농업사회에서는 이웃한 국가 사이에 끊임없이 영토를 두고 다투는 '제로섬 게임'을 계속할 수밖에 없었습니다. 한 나라가 얻으면 다른 나라는 반드시 잃는 구조였습니다. 이 때문에 침략과 전쟁은 반복될 수밖에 없었으며, 근공의 원리는 당시 최선의 생존전략이었습니다. 그러나 산업사회로 들어오며 이 게임의 룰은 완전히 바뀌었습니다. 산업사회는 성장이 가속하는 사회입니다. 기술과 산업의 발전을 통하여 이웃한 두 나라가 국가 간 협력을 통해 동반성장하고 동반번영할 수 있는 '포지티브섬 게임'의 시대가 도래한 것입니다. 현대 산업사회에서 한중일의 갈등은 노력하면 얼마든지 풀어 나갈 수 있지만, 문제는 동북아의 강대국 지도자들이 여전히 과거 농업사회의 제로섬 인식에 갇혀 있다는 점입니다. 우리는 이 지경학적 저주의 한계를 꼭 넘어서야 합니다.

절호의 기회: 저주에서 축복으로!

그렇다면 이제 산업사회에서도 또다시 반복되는 한중일 3국 간의 이 치열한 경쟁과 갈등의 굴레 속에서 대한민국은 과연 어떤 선택을 해야 할까요? 과거 농업사회에서 우리 이웃에는 중국과 일본이라는 적대적인 근공의 대상만 있었지, 중국 넘어 서쪽 내륙에도 일본 넘어 동쪽 태평양에도 우리와 협력할 원교의 대상은 존재하지 않았습니다. 내륙국과 도서국 사이에 위치한 연안국으로서, 또한 근공의 대상인 적국은 있지만 원교의 대상인 우방 또는 동맹국은 찾을 수 없었던 지정학적 환경이 우리 선조들에게는 정말 혹독한 현실이었다고 할 수 있습니다. 다행히 최근 북극항로가 열려 가면서 동북아시아 한중일 3국 체제에 근본적인 변화가 찾아오고 있습니다. 현재 한국 경제가 석유 수입과 상품 수출을 거의 대부분 의존하고 있는 남쪽 수에즈 운하 항로를 대체 또는 보완할 수 있는 북극항로의 개통은 동북아시아의 세력균형이 새로운 전기를 맞이할 결정적인 계기를 제공하고 있습니다.

앞서 설명한 바와 같이 농업사회의 근공 관계가 산업사회의 경쟁 관계고 농업사회의 원교 관계가 산업사회의 보완 관계입니다. 그런데 북극항로의 개통은 한반도의 남과 북으로 미국과 러시아가 동북아에서 실질적인 존재감을 드러내는 계기가 되었습니다. 게다가 미국과 러시아는 경제적·안보적 측면에서 대한민국과 강력한 보완관계에 있습니다. 이것이 한반도의 지정학적 저주를 지경학적 축복으로 바꾸어 줄 절호의 기회이고 천 년에 한 번 오기 힘든 정말 큰 행운입니다. 특히 지경학적 축복을 맞이하기 위해서는 과거의 관점을 과감히 버리고 발상의 전환을 통하여 새로운 미래를 기획할 필요가 있습니다. 우리에게 익숙한 것은 한중일의 연횡이지만 만약 이것을 우리 힘으로 성사시키는 것이 불가능하다면 이제 우리는 아직 한 번도 시도해 본 적이 없는 생소한 한미러의 합종을 과감하게 추진하여야 합니다. 북극항로는 지구온난화로 인하여 개통될 수밖에 없고 러시아는 러우 전쟁으로 인하여 유럽 국가에서 동북아시아 국가로 거듭나고 있습니다. 미국은 패권 전쟁에 승리하는 것을 최우선 목표로 하기 때문에 중국 포위망 완성에 꼭 필요한 러시아와의 관계 개선을 전통적인 우방 EU와의 관계보다 우선하고 있는 것으로 보입니다. 한미러의 합종은 우리에게 가장 현실성 있고 시의적절한 선택이 될 것입니다. 중요한 것은, 우리가 그 길을 얼마나 빨리 준비하고, 얼마나 과감하게 추진하느냐에 달려 있습니다. 과거와 현실에 안주하는 패배자가 아니라 꿈과 미래를 선점하는 승리자가 되기 위해서는 한중일의 연횡을 넋놓고 기다리기보다는 한미러의 합종을 주도적으로 선도해 나가야 합니다. 우리는 지금 이 순간 우리 힘으로 지경학적 저주를 지경학적 축복으로 반전시킬 수 있는 절호의 기회를 맞이하고 있습니다. 게다가 한미러의 합종은 중국과 일본으로 하여금 한중일의 연횡을 되살리도록 하는 피할 수 없는 압력으로 작용하게 될 것이 틀림없습니다. 한중일의 연횡과 한미러의 합종, 이것이 우리가 꿈꾸는 미래 선진 강대국 대한민국의 조건입니다.

골드만삭스 보고서는 틀리지 않았다

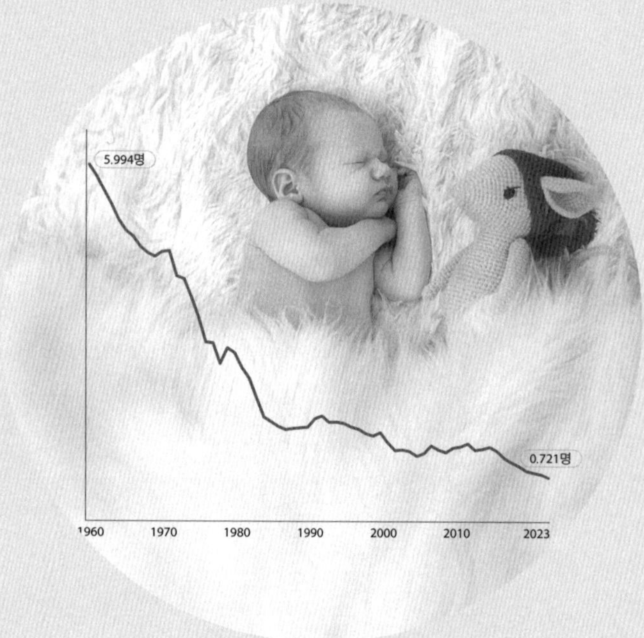

대한민국의 합계출산율.

세계 최저 수준의 출산율은 대한민국의 미래 성장 동력을 위협하는
가장 심각한 내부 위기다.

"지난 30여 년간 지속된 경제성장률의 대세하락은
한국 경제가 이미 오래전부터 심각한 병을 앓고 있었음에도
이를 방치해 온 결과입니다."

앞서 우리는 대한민국이 처한 외부적 위기와 태생적 한계를 살펴보았습니다. 자원이 부족한 현실, 상품 경쟁이 불가피한 상황, 그리고 강대국들의 틈바구니에서의 외교적 어려움까지 모두 복합적으로 대한민국의 발목을 잡고 있습니다. 그러나 저는 이러한 외부 요인을 극복할 수 있는 행운의 기회인 북극항로 선점과 거점항구 유치, 그리고 이를 가능케 할 국가전략으로 한미러 합종을 제안했습니다. 하지만 여기서 잠시 한 걸음 물러서서 생각해 봅시다. 대한민국은 외부적인 도전만으로 위태로운 것이 아닙니다. 내부적으로도 매우 심각한 문제들이 산적해 있습니다.

한국의 내부적 위기: 수도권 인구 집중과 저출산

대한민국은 한강의 기적을 이루었지만, 지금은 저출산과 고령화, 성장 정체, 지역 불균형과 사회적 불안이라는 거대한 장벽들이 우리 앞길을 가로 막고 있습니다. 한국의 합계출산율은 2023년 기준 0.72명으로, OECD 회원국 중 단연 최하위이며 인구 절벽이 현실화되고 있습니다. 머지 않은 장래에 생산가능인구는 매년 20만 명 이상 감소할 것으로 전망됩니다. 청년들은 과도한 경쟁과 불안 속에서 꿈과 가정을 포기하고 있으며, 30대 미혼율은 10년 전 대비 두 배 가까이 증가했습니다. 수도권으로의 과도한 인구 집중과 지방의 소멸 문제도 갈수록 심각해지고 있습니다. 이미 전국 시군구 중 절반이 '소멸위험지역'으로 지정되어 있습니다. 교육과 일자리, 주거 문제까지 복합적으로 얽히며 대한민국 사회는 점점 지쳐 가고 있습니다.

경제성장 정체도 심각합니다. 1990년대 초반 7퍼센트 대였던 연평균 성장률은 2020년대에 들어 2퍼센트 대로 하락했으며, 골드만삭스의 최근 전망에 따르면 향후 10년간 연평균 1퍼센트 대 성장이 예상되고 있습니다. 2007년 골드만삭스는 한국의 인당 소득이 2050년 미국 다음으로 세계 2위가 될 것이라 예측했습니다. 그러나 2022년 발표한 보고서에서는 현재 세계 10대 경제권을 자부하는 한국의 국가 총GDP가 세계 24위까지 떨어질 수 있다고 전망했습니다. 순위보다 더 충격적인 것은 한국의 국력이 필리핀, 베트남, 방글라데시보다도 약해질 것이라 예고한 점입니다. 이것은 한국의 저출산과 저성장이 악순환을 하게 될 것이라는 예측에 근거한 것입니다. 성장률 저하는 경제가 성장함에 따라 나타나는 자연스러운 현상이 아닙니다. 지난 30여 년간 지속된 경제성장률의 대세하락은 한국 경제가 이미 오래전부터 심각한 병을 앓고 있었음에도 이를 방치해 온 결과입니다. 마치 악성 암 환자가 초기에는 증상을 느끼지 못하고 지내다가 돌이키기 힘든 말기에 급격히 증상이 발현되는 것처럼, 우리 경제도 이미 내부적으로 심각한 지경에 도달한 것입니다.

혹자는 경제란 어느 정도 성장하면 정체되기 마련이라고 말합니다. 그러나 이는 잘못된 생각입니다. 기존의 선진국들은 이미 한 번 경제적으로 만개했다가 정상기를 만끽한 후 쇠퇴의 징후가 나타나고 있는 단계에 있습니다. 그러나 대한민국 경제는 봉오리 상태에서 크게 꽃피워 보기도 전에 경제가 시들어 가고 있는 형상입니다. 내수경제 규모가 크고 경제적으로 이미 성숙한 국가는 성장률이 낮아도 상당 기간 잘 견뎌 낼 수 있습니다. 하지만 대한민국처럼 수출 의존도가 높고 아직도 경제성장기에 있는 국가는 신기술과 신제품으로 확대재생산을 지속해 나가야 합니다. 현재 우리나라의 1인당 국민소득은 약 3만 달러 수준으로, 4~5만 달러인 구미 주요 선진국과 아직 큰 격차가 있습니다. 그런데도 성장률이 그들보다 낮다는 것은 무언가 크게 잘못되어 가고 있음을 의미합니다. 상대적 관점에서 비교해 보면 우리 경제는 정체된 것이라기보다는 오히려 퇴행하고 있는 것인지도 모릅니다.

여기서 잠시 숨을 고르며 정리해 보겠습니다. 지금까지 우리는 세계 패권 질서의 원리와 우리가 처한 상황을 면밀히 분석하고, 이를 극복하기 위한 강소국 대한민국의 필승 전략을 제안·모색했습니다. 그런데 여기서 정말 놀라운 점은, 이 전략이 동북아의 지정학적 저주나 미중 패권 전쟁과 같은 외부 문제를 해결하는 데 그치는 것이 아니라, 겹겹이 쌓인 대한민국 내부 문제까지도 동시에 해결할 수 있는 강력한 잠재력을 지니고 있다는 사실입니다. 이것이 얼마나 큰 행운이며 절대로 놓칠 수 없는 천재일우의 기회인지, 다시 한번 강조하지 않을 수 없습니다.

우연이자 필연:
북극항로와 거점항구 그리고 한미러 합종

그 전략은 다음과 같이 요약할 수 있습니다.

북극항로 개통을 통해 대한민국이 글로벌 물류 중심국으로 도약할 수 있는 기회를 맞이하고 있습니다. 북극항로는 기존 남중국해와 수에즈 운하를 경유하는 항로보다 최대 40퍼센트 짧아 물류비 절감과 운송 시간 단축 효과가 큽니다. 특히 국제적 갈등과 말라카 해협, 수에즈 운하 등의 적체로 언제 막힐지도 모를 수에즈 항로에 석유 수입과 상품 수출을 전적으로 의존하고 있는 한국에게 대체 항로의 등장은 큰 행운이 아닐 수 없습니다.

북극항로 개통에 따른 수혜를 온전히 받기 위해서는 거점항구 유치가 필수적입니다. 북극항로가 개통된다고 해서 자동으로 대한민국이 가장 큰 수혜자가 될 수 있는 것은 아닙니다. 북극항로의 거점항구를 유치하기 위한 전략으로 무엇보다 시급한 것은 한미러의 합종입니다. 미국과 러시아는 북극항로에 가장 직접적이고 지배적인 영향력을 끼칠 수 있는 두 강대국입니다. 러시아는 북극항로의 대부분을 영해로 보유하거나 실효적으로 지배하고 있습니다. 다른 한편 러우 전쟁으로 종전 후 EU 국가들과의 경제협력을 기대할 수 없기 때문에 전후 경제 재건을 위해서 북극항로를 통한 동진과 시베리아 등 극동러시아 개발에 국가경제의 미래를 걸고 있습니다. 미국은 북극이사회 회원국이며 북극항로상의 베링해협 한편에 알래스카가 인접해 있을 뿐만 아니라, 북극항로를 활성화하기 위한 경제적·기술적·안보적 역량을 모두 보유하고 있기 때문에 미국이 참여하지 않는다면 북극항로가 언제 활성화될지 기약이 없는 실정입니다. 게다가 미국은 패권국으로서 미국에 경제적·군사적·외교적으로 도전하는 중국을 견제하기 위해서 오바마 대통령 때 시작한 아시아 중시 정책(Pivot to Asia)이 트럼프 대통령, 바이든 대통령을 거치며 계승·강화되어 왔기에 북극항로는 미국 대외정책의 초점에서 절대로 벗어날 수 없을 것입니다. 따라서 일견 생소하게도 들리는 한미러의 합종은 한국과 러시아, 미국이 각자의 국익을 극대화하려는 과정에서 상호보완적 시너지 효과를 기대할 수 있는 가장 현실적이고 실행 가능한 정책이라는 점을 다시 한번 강조하고 싶습니다.

한미러의 합종은 결코 공허한 구호가 아닙니다. 인류문명 질서의 원리와 세계 패권의 법칙을 정확히 이해한다면, 이 전략은 한국, 미국, 러시아 모두에게 실질적 이익을 가져다주는 필연적 선택임을 알 수 있습니다.

다음 장에서부터 북극항로와 거점항구를 둘러싼 역학 관계

그리고 각 국가의 현실을 보다 자세히 살펴보도록 하겠습니다. 골드만삭스의 보고서는 우리에게 경고를 던졌습니다. 우리는 그 경고를 기회로 반전시켜야 합니다. 현재 대한민국이 처한 내우외환의 위기를 동시에 극복할 기회가 왔고, 결정적인 정책 대안 또한 이미 제시되어 있습니다. 이제 선택의 순간만이 남아 있습니다. 행운의 여신의 옷깃은 준비된 자를 스쳐 간다고 합니다. 우리는 충분히 준비되어 있습니까?

PART 02

패권의 변곡점:
행운의 여신이 찾아온다

변곡점이 온다: 북극항로 개통이라는 기회

변곡점의 레버리지: 거점항구가 있어야 도약할 수 있다

기회의 시계는 속절없이 가고 있다

변곡점이 온다:

북극항로 개통이라는 기회

부산-로테르담 해상 경로 비교. 지구온난화로 열리는 북극항로는 기존 수에즈 운하 항로보다 운항 거리를 최대 40% 단축시키며, 세계 물류 지도를 근본적으로 재편하고 있다.

“비관론자는 모든 기회에서 위기를 보고,
낙관론자는 모든 위기에서 기회를 본다.”
—윈스턴 처칠

인류 문명은 언제나 ‘항로’를 중심으로 발전해 왔습니다. 고대 지중해 무역부터 대항해시대를 거쳐 오늘날 수에즈와 말라카를 잇는 현대의 해상 무역망에 이르기까지, 바닷길은 국부의 축적과 패권 질서의 기본 축이었습니다. 그런데 지금, 아직 열리지 않았던 지구상의 마지막 바닷길이 이제 열리기 시작하였습니다. 바로 북극항로입니다.

북극항로의 개통은 단순히 또 하나의 물류 통로가 생긴 사건 정도가 아닙니다. 이 항로는 지정학과 지경학의 구조 자체를 바꿔 버릴 수 있는 패권 질서의 변곡점입니다. 현재 세계 해운의 중추 역할을 하고 있는 수에즈 항로의 경우 남중국해의 해양 영토 분쟁과 양안 전쟁의 위험, 그리고 수에즈 운하와 말라카 해협의 적체와 병목 현상 등으로 인하여 북극항로가 이를 보완하거나 대체할 수 있는 실질적 대안으로 떠오르고 있습니다.

2021년, 세계는 수에즈 운하에서 발생한 단 한 척의 선박 사고로 인해 물류 대란을 경험했습니다. 초대형 컨테이너선 에버기븐호가 좌초되며 운하가 6일간 폐쇄되었고, 하루 약 96억 달러에 이르는 교역이 차질을 빚었습니다. 말라카 해협 또한 연간 20건 이상 보고되는 해적 피해와 중국과 일본, 베트남, 필리핀 등의 국가 간 남중국해 분쟁이라는 리스크를 안고 있는 경로입니다.

세계는 이젠 새로운 길을 필요로 합니다. 그리고 그 해답이 북극을 경유하는 새로운 항로에 있습니다. 북극항로는 러시아 북부 해안을 따라 유럽과 아시아를 잇는 항로로, 기존 수에즈 항로 대비 약 30~40퍼센트 이상 항해 거리 단축이 가능하며, 따라서 연료비와 항해 시간이 크게 절감됩니다. 예를 들어 부산에서 로테르담까지 수에즈 운하를 경유하는 항로는 약 20,000킬로미터인 반면, 북극항로는 약 14,000킬로미터에 불과합니다. 단축된 6,000킬로미터는 단순한 숫자상의 거리 표시가 아니라 시간과 비용, 그리고 탄소배출 절감이라는 경제 전략의 전환점입니다.

북극해가 녹고 있다

이러한 변곡점이 등장하게 된 것은 지구온난화 때문입니다. 사실 지구온난화는 인류가 직면한 가장 심각한 위기 중 하나입니다. 환경파괴, 생태계 교란, 기후변화, 해수면 상승 등 여러 가지 파급효과는 우리 삶의 기반을 위협합니다. 그러나 지구온난화의 원인에 관해서는 양론이 팽팽하게 대립하고 있습니다. 인간이 화석 연료 등으로 발생시킨 탄산가스가 원인이라는 주장도 있지만, 과거 인간이 출현하기 전에도 지구 역사에 여러 번의 지구온난화가 있었듯이 이번에도 역시 인간의 활동과는 무관한 자연 현상이라는 주장도 있습니다. 그러나 여기서 우리는 보다 본질적인 질문에 직면하게 됩니다. 이 거대한 변화의 원인이 무엇이든 간에, '지금부터 인간의 노력을 통해 지구온난화의 위기를 피해 나갈 수 있는가?'라는 질문입니다. 성과가 크든 작든 간에 이러한 변화를 늦추기 위해 노력하는 것은 분명히 필요합니다만, 그와 동시에 우리가 고민해야 하는 것은 '이러한 변화 속에서 우리가 어떻게 살아남을 것인가'입니다.

바로 이 지점에서 우리는 북극항로가 갖고 있는 새로운 가능성을 주목해야 합니다. 얼어붙었던 북극해의 빙하가 녹고 있습니다. 우리 인간이 보유한 쇄빙 기술 역시 빠르게 진보하고 있습니다. 결과적으로 연중 북극항로를 이용할 수 있는 기간은 해마다 늘어나고 있으며, 북극해를 가로지르는 새로운 물류 루트는 이제 현실적인 선택지가 되었습니다. 북극항로는 더 이상 먼 미래의 일이 아닙니다. 인류의 물류 지도에서 경제 생태계에 이르기까지 세계 패권 질서를 송두리째 재편할 잠재력을 가진 문명사적 사건입니다.

북극항로는 지구온난화를 앞당기는가?

본격적인 논의에 앞서 중요한 점 하나를 짚고 넘어가야 합니다. 지구온난화로 인해 북극항로가 개통되고 있는데, 혹시라도 북극항로를 활용하는 것이 지구온난화를 가속하는 것은 아닌가 하는 의문입니다. 물론 북극항로를 이용하는 것이 지구온난화를 앞당기는 측면도 있을 수 있습니다. 그러나 그 반대되는 측면 또한 존재합니다. 기존 수에즈 항로를 경유하는 해운 산업은 막대한 이산화탄소를 배출합니다. 그러나 북극항로는 항행 거리가 짧아 온실가스 배출량이 현저히 적어지고, 원자력 선박이나 LNG 추진선 등 친환경 기술이 도입될 경우 탄소 감축 효과는 더욱 커집니다.

국제 환경단체 '청정 북극 동맹(Clean Arctic Alliance)'의 분석에 따르면, 북극항로를 항해하는 선박들이 중유 대신 저유황 연료로 전환하고 배출가스 저감 장치를 장착할 경우 블랙카본 배출을 최대 90퍼센트까지 줄일 수 있다고 합니다. 다시 말해, 기술의 선택과 운용 전략에 따라 북극항로는 오히려 지구온난화를 지연시키는 데 기여할 수 있다는 것입니다. 물론 북극항로 이용이 북극 지역의 자원 개발을 촉진하여 북극 생태계에 새로운 위협을 주는 것이 아니냐는 주장도 있습니다. 영구동토층이 녹으면 이산화탄소보다 온실효과가 25~30배 이상 높은 메탄이 대량으로 대기 중에 배출될 수 있기 때문에 많은 과학자들이 이를 심각하게 우려하고 있는 것은 사실입니다. 그러나 지구온난화는 진행 중이고 북극항로는 이미 개통이 시작되었으며 영구동토층은 서서히 녹아내리고 있습니다. 이런 현상을 근본적으로 역행시킬 수 없다면 현실적으로 가능한 기술적 통제와 국제 기준 도입을 병행하여 그 위험을 관리해 나가는 것이 최선의 대안일 것입니다.

북극항로는 어디를 지나가는가?

북극항로는 크게 북서항로(캐나다 북부 해역)와 북동항로(러시아 북부 해역)로 나뉩니다. 조기 개통 및 상용화가 기대되는 것은 북동항로입니다. 즉, 대한민국이 주목해야 하는 루트는 바로 우리가 통상 북극항로라고 부르는 북동항로입니다. 이 루트는 유럽에서 러시아 영해를 따라 베링해협을 거쳐 캄차카 반도 남단을 지나, 동해와 대한해협을 거치며 한반도 동남단을 스쳐 지나가게 됩니다. (즉, 한반도의 부산, 울산, 경상도 지역은 북극항로가 개통될 경우 전략적 거점항구가 될 수 있는 지리적 조건을 타고났다고 할 수 있습니다.)

최근 수년 사이, 북극의 해빙 속도가 점점 더 빨라지고 연중 항행 가능 기간은 늘어나고 있습니다. 앞서 언급한 것처럼 북극항로는 거리와 시간에서 압도적인 이점을 가집니다. 이는 곧 연료비 절감, 운항 시간 감소, 다양한 해난 사고 리스크 감소 등으로 이어지고, 경제 및 안보 측면에서 국가 물류 네트워크에 중대한 영향을 미칠 것이라는 점은 너무나 자명한 사실입니다. 설혹 이 같은 북극항로의 장점을 감안하지 않는다고 하더라도, 현재 수에즈 항로는 여러 병목 지점이 적체되거나 막혀서 전 세계적으로 늘어나는 해상 물류를 더 이상 수용할 수 없는 한계에 도달하였기 때문에 북극항로의 개통과 이용은 불가피한 현실입니다.

북극항로 개척의 가장 큰 적: 고정관념

일부 사람들은 여전히 북극항로에 대해 회의적인 시선을 보냅니다. 러시아 북극해 인근을 실제로 가본 경험이 있는 분들 중에는 "그 추운 동토를 따라 황량한 얼음 바다에 도대체 무슨 항로가 열릴 수 있다는 것이냐"는 식의 반문을 하는 경우가 있습니다. 북극이라는 이름만으로도 위험하고, 쓸모 없을 것 같다는 선입견을 벗어날 수 없기 때문일 것입니다.

그러나 이와 같은 오해는 역사적인 지식과 미래지향적 시야가 결여된 고정관념에서 비롯된 것입니다. 역사적으로 뱃사람들이 가장 두려워했던 바다는 사실 차가운 북극 바다가 아니라, 뜨거운 적도의 무풍지대였습니다. 대항해시대의 유럽 선원들에게 '진짜 죽음의 바다'는 적도 근해였습니다. 바람 한 점 불지 않는 바다 한가운데서 범선은 꼼짝 못 하고 멈춰 섰고, 태양은 내리쬐고, 식수는 증발하고, 승무원의 목은 갈증으로 타들어갔습니다. 그래서 그들은 '적도로 가면 소금 대륙이 나타나고 사람 얼굴이

검어지고 머리가 꼬불꼬불해져서 미쳐 버린다'는 전설까지 만들어 냈습니다. 그만큼 무풍지대의 절망감은 극에 달하는 공포였던 것입니다.

당시 범선을 타고 적도 부근을 항해하는 것이 원시 밀림지대를 횡단하는 것만큼 어려웠다면, 현재 북극항로를 따라 항행하는 것은 마치 기술적으로 완비된 포장도로를 달리는 것만큼 손쉬운 수준에 이르렀습니다. 쇄빙 기술의 발전과 기후변화로 인한 해빙의 가속화는 버려진 바다 북극해를 북극항로를 통해 가능성의 바다로 바꾸고 있습니다. 이 가능성을 가로막는 것은 혹한의 날씨가 아니라, 변화와 미래를 받아들이지 못하는 고정관념입니다.

기술의 진보, 현실이 된 북극항로

북극항로는 이제 '가능성'을 넘어 '현실'이 되었습니다. 미국 국립빙설자료센터(NSIDC)에 따르면, 북극의 해빙 면적은 1980년대 대비 약 40퍼센트 감소했고, 연중 항해 가능 기간은 평균 6개월 이상으로 확장되었습니다. 이에 따라 북극항로를 호시탐탐 노리고 있는 열강의 움직임이 본격화되고 있습니다. 중국은 미국 등 북극해 인접국들과 항로 선점을 두고 치열한 경쟁을 벌이기 시작했습니다. 중국은 '빙상 실크로드' 전략하에 북극항로 상업 운항을 확대 중인 상황인데, 이미 최첨단 쇄빙선 '지디(極地, Polar Region)'를 극지연구소에 인도했으며, 북극항로의 상용화를 서두르고 있습니다. 캐나다 조선업계의 선두주자인 데이비(Davie)는 캐나다, 핀란드, 미국이 함께 추진하는 민간 쇄빙선 건조 프로젝트에 참여했습니다. 러시아는 야말 LNG 프로젝트를 통해 북극항로를 활용한 대규모 천연가스 수출을 진행 중이며, 2021년 기준으로 북극항로를 이용한 화물 운송량은 약 3,400만 톤에 달했습니다. 쇄빙 LNG선인 '크리스토프 드 마르주리호'는 2017년 북극항로를 경유하여 한국-노르웨이 간 항해에 성공했고, 이 항로는 기존 대비 30퍼센트 빠른 운송을 증명했습니다. 일본 미쓰이 O.S.K. 라인(MOL)도 쇄빙 LNG선 개발에 참여하고 있으며, 유럽은 핀란드, 노르웨이를 중심으로 위성항법 인프라와 항로 안전 인프라를 구축하고 있습니다. 미국 역시 알래스카를 기점으로 북극권 에너지와 물류 거점 개발을 본격화하고 있습니다.

국가들뿐만이 아닙니다. 국제해운협회(IMO)는 2017년부터 북극해 운항에 대한 국제안전규정(Polar Code)을 적용하고 있으며, 보험사들도 북극 리스크를 반영한 특수 보험상품을 출시하고 있습니다. 즉, 기술·규범·자본이 이미 북극항로를 중심으로 재편되고 있는 것입니다.

반면, 한국은 세계적으로 인정받는 조선 강국임에도 불구하고 지금까지 제작한 쇄빙선은 단 한 척, '아라온호'뿐입니다. 러시아의 북동항로만 해도 쇄빙 기능을 갖춘 선박들의 수요를 급격히 증가시키겠지만, 향후 미국이 그린란드의 통제권을 확보하고 쇄빙선 및 항만 인프라를 갖추어 북서항로를 본격적인 상업 항로로 전환하게 될 경우, 쇄빙 등급 선박에 대한 수요는 엄청날 것입니다. 따라서 우리 조선업계도 장기적 관점에서 이 분야의 발주를 염두에 두고 적극적으로 대응해야만 합니다.

북극항로는 대한민국에게 어떤 이익을 가져다 줄 수 있는가?

북극항로의 개통은 대한민국에게 구체적이고 실질적인 경제적 이익을 제공합니다. 대표적인 예는 수출입 운임 절감입니다. 현대경제연구원의 분석에 따르면, 부산에서 유럽(예: 로테르담)까지 컨테이너를 수에즈 항로를 통해 수송할 경우 약 30일이 소요되지만, 북극항로를 이용하면 10~15일을 단축시킬 수 있어 약 20~30퍼센트의 운임비를 절감할 수 있습니다.

한국해양수산개발원(KMI)은 북극항로를 통한 물류 활용으로 연간 약 1조 원 규모의 물류비 절감 효과가 기대된다고 분석했으며, 특히 자동차·조선·철강 등 수출 비중이 높은 기간산업의 경쟁력이 직접적으로 강화된다고 평가합니다. 또한, 선박 운항 기간이 단축됨에 따라 탄소배출 저감 효과도 기대되며, 이는 EU의 탄소국경세에 대응하는 데도 유리한 수단이 될 수 있습니다. 쉽게 말해, "부산에서 유럽 가는 배가 10일 이상 빨리 도착하고, 돈도 훨씬 덜 든다"는 것입니다. 이는 단순히 물류 혁신이 아니라 산업 경쟁력 전체를 뒤흔드는 구조적 변화입니다.

지금까지 살펴본 바와 같이 우리나라에게 북극항로의 개통은 너무나 절실합니다. 그러나 절실함만으로 북극항로에 진출할 수 있는 것은 아닙니다. 북극에 가까워질수록 얼음은 더 두꺼워지고, 따라서 얼음을 깨며 운항하는 쇄빙선 운영에 더 많은 에너지가 필요합니다. 그래서 얼음 두께가 비교적 얇은 러시아 영해를 따라 항해하는 것이 현실적인 선택이 됩니다. 다시 말해, 북극항로의 적극적인 개척은 러시아와 함께 하지 않는 한 거의 불가능한 일입니다.

한국은 러시아와 함께 해야 북극항로에 진출할 수 있지만, 러시아는 과연 우리와 함께하려 할까요? 놀랍게도, 러시아 또한 우리와 협력하고 싶어 합니다. 그 이유는 여러 가지가 있지만 가장 현실적인 이유 중 하나는 대한민국의 조선 기술력에 있습니다. 세계 5대 조선사 가운데 1위, 2위, 4위 조선사를 한국이 보유하고 있습니다. 현재 북극해에서 채굴되는 천연가스를 실어 나를 수 있는 쇄빙 등급 LNG 탱커를 만들 수 있는 나라는, 사실상 한국이 유일합니다. 이러한 기술적 우위는 단순한 가능성이 아니라, 실제 사례를 통해 입증되고 있습니다. 대표적인 예가 바로 앞서 언급한 러시아 야말 LNG 프로젝트입니다. 이 사업은 러시아 북극해에서 천연가스를 채굴하여 유럽과 아시아로 수출하는 전략적 프로젝트로, 러시아는 한국의 대우조선해양에 쇄빙 LNG선박 15척을 발주했습니다. 러시아는 영하 50도에서도 항해가 가능한 최첨단 기술을 요구했고, 한국이 그 요구를 충족시킨 유일한 국가였습니다. 이러한 경험은 향후 추가 프로젝트에서도 한국을 우선적 파트너로 고려하게 만드는 강력한 동기로 작용할 것입니다. 결국 러시아와 한국의 이해관계는 제각기 서로의 필요에 따라 북극항로에서 자연스럽게 만나게 됩니다.

북극이사회와 국제 질서의 변화

물론 북극항로가 온전히 러시아만의 해상 통로는 아닙니다. 북극항로의 개발과 관련된 많은 의제들이 북극권 환경 보호 및 지속 가능한 발전을 논의하기 위해 설립된 국제 협의체인 북극이사회의 틀 안에서 조율되어 왔습니다. 북극이사회는 1996년 설립된 정부 간 협의체로, 북극에 인접한 러시아, 미국, 캐나다, 노르웨이, 덴마크, 핀란드, 스웨덴, 아이슬란드 등 북극권 8개국이 정회원으로 참여하고 있으며, 대한민국은 2013년부터 북극권에 인접하지 않은 12개 영구 옵서버(observer) 국가 중 하나로 참여하고 있습니다.

이사회는 환경보호, 원주민 권리, 북극항로 개발 등의 이슈를 다루며, 각국의 협력과 규범 설정에 중요한 역할을 해왔습니다. 그러나 2022년 러우 전쟁 발발 이후, 러시아의 정회원 자격 유지 여부를 둘러싼 갈등으로 인해 이사회 기능이 부분적으로 중단되거나 비활성화 상태에 놓였습니다. 이에 대해 한국북극연구컨소시엄(KoARC)은 “국제 협력의 틈새가 발생한 지금이야말로, 실질적 해양 능력을 갖춘 한국이 행동 중심 국가로 도약할 수 있는 기회”라고 분석했습니다.

그러나 북극에 인접한 영토를 갖지 않은 옵서버 국가는 문자 그대로 회의에 참석하여 발언을 할 수 있지만 의결권도 발의권도 없어 열심히 참여해도 어떤 실질적 이익을 확보하기 어렵습니다. 차라리 러우 전쟁을 계기로 다른 이사회 회원들과 적대적 관계에 놓인 러시아와 연대해서 북극항로 개척에 앞장섬으로써 북극권에 대한 영향력을 확대해 나가는 것이 훨씬 더 유리할 것입니다. 왜냐하면 러시아가 다른 북극이사회 회원국들과는 갈등 관계에 있지만 북극 인접 영토가 가장 크기 때문에 발언권도 영향력도 클 수밖에 없을 뿐더러 자원개발부터 조선에 이르기까지 한국의 도움을 절실히 필요로 하기 때문입니다.

승리자는 위기에서 기회를 본다

제가 가장 존경하는 인물 중 한 명인 윈스턴 처칠은 이렇게 말했습니다.

"비관론자는 모든 기회에서 위기를 보고, 낙관론자는 모든 위기에서 기회를 본다."

이 말은 단순히 사람의 성격에 따라서 세상을 보는 관점이 다르다는 말이 아닙니다. 세상을 바라보는 관점에 따라서 사람 자체가 바뀐다는 말입니다. 실제로 그는 제2차 세계대전이라는 영국 역사상 최대의 위기 속에서 기회를 보았고, 결국 세계대전의 승리라는 팍스 브리타니카 시대의 마지막 영광을 영국에 선사하였습니다.

저는 처칠의 말을 이렇게 해석하고 싶습니다.

"패배자는 모든 기회에서 위기를 보고, 승리자는 모든 위기에서 기회를 본다."

이것은 "위기를 보는 사람은 패배자가 되고, 기회를 보는 사람은 승리자가 된다"는 말이기도 합니다.

지금 우리는 지구온난화라는 거대한 위기를 마주하고 있습니다. 북극의 빙하가 녹고, 기후 환경이 바뀌며, 인류 문명의 지속 가능성이 위협받고 있습니다. 우리는 지구촌의 구성원으로서 지구온난화를 방지 또는 지연시키기 위한 국제사회의 노력에 적극 참여해야 합니다. 그러나 이 위기를 두려움과 우려로 바라보는 것만이 유일한 선택지가 아닙니다. 동시에 우리는 이 변화 속에서 새로운 미래를 설계할 수 있는 도약의 기회를 찾아내야 할 것입니다. 북극항로 개통이 그 시작이라면 거점항구의 유치는 그 완성이 될 것입니다. 지금 우리가 북극항로를 선점한다면, 단지 새로운 물류 루트를 확보하는 것만이 아니라, 거점항구를 확보함으로서 한반도를 유라시아·태평양의 중심으로 하는 새로운 세계 패권 질서의 중심축에 올려놓을 수 있게 되는 것입니다.

그러나 북극항로가 개통된다고 해서, 대한민국이 그 수혜를 자동으로 얻게 되는 것은 아닙니다. 항로가 눈앞을 지난다고 해서, 우리에게 거점항구가 저절로 생기는 것도 아닙니다. 북극항로의 환적 경유지에 위치한 지역은 한반도만이 아니며, 한국보다 더 큰 항구, 더 거대한 배후 산업단지를 보유한 국가가 북극항로 선점과 거점항구 유치 경쟁에서 우리를 앞서가고 있습니다.

우리가 이 기회를 실질적으로 레버리지하기 위해서는, 북극항로와 연결될 수 있는 전략적 거점항구가 필요합니다. 단순한 물류 기능을 넘어, 가공·제조·창고·금융 기능이 통합된 복합항만으로서 대한민국의 산업 패러다임을 뒤집을 플랫폼이 필요합니다. 그곳은 과연 어디일까요? 다음 장에서 그 해답을 찾아보겠습니다.

변곡점의 레버리지:

거점항구가 있어야 도약할 수 있다

〈암스테르담 항구〉(1630년), 헨드릭 브룸 작,
슐라이스하임 주립미술관 소장.

17세기 세계 경제의 심장이었던 네덜란드 암스테르담 항구.
역사적으로 거점항구는 단순한 물류 기지를 넘어,
부와 권력이 모이는 제국의 중심이었다.

"대한민국이 중국과의 경쟁에서
거점항구를 유치하기 위해서는 부산항 혼자는 역부족입니다.
부울경 전체가 하나의 첨단 산업기술 메가 클러스터로
기능해야 합니다."

기후변화와 기술 발전은 북극항로라는 새로운 길의 개통을 재촉하고 있습니다. 대한민국은 지금까지 말라카 해협과 수에즈 운하에 의존하는 남방항로에 수출입을 대부분 의존해 왔는데, 미국이 세계 경찰 역할의 포기를 선언함에 따라 대체 항로의 필요성을 절감하게 되었습니다. 북극항로는 대한민국이 이러한 제약을 벗어날 수 있는 유일한 기회입니다. 그뿐만 아니라 북극항로가 개통되면 대체 항로를 갖게 된다는 사실 이상의 엄청난 행운의 기회가 우리 대한민국을 찾아 올 것입니다. 그런데 항로란 스쳐 지나갈 뿐, 그 항로를 통해 국부를 창출하려면 반드시 정박하고 머물 수 있는 거점항구를 보유해야 합니다. 항로 위의 물류 흐름에 단지 '편승'하는가 아니면 물류의 생산과 환적을 통해 향로를 '지배'하는가가 결정적인 차이입니다. 즉, 북극항로의 수혜를 온전히 흡수하기 위해서는 대한민국이 이 항로를 통과하는 물류의 기착 및 출발지(Hub)로 기능해야 합니다. 항로는 바다 위에 생기지만, 물류의 주도권은 육지의 항구와 배후 산업단지에서 탄생하기 때문입니다.

그렇기 때문에 이 기회를 현실로 만들기 위해, 북극항로라고 하는 행운의 여신의 옷자락을 움켜잡기 위해서 지금 당장 우리가 해야 할 가장 시급한 과제는 거점항구 유치를 준비하는 것입니다. 그렇다면 우리는 북극항로 거점항구 유치를 위해 어떤 준비를 해야 할까요?

거점항구란 무엇인가

거점항구는 단순히 배가 정박하는 항구가 아닙니다. 이는 국가의 경제를 움직이고, 안보를 떠받치며, 세계 물류의 흐름을 통제할 수 있는 전략 거점입니다. 또한, 거점항구는 단순한 물류 기지가 아닙니다. 물류, 제조, 연구개발(R&D), 관광, 문화, 에너지, 그리고 안보까지 모든 산업이 결합된 새로운 산업문명의 중심지입니다. LNG 운반선이든 컨테이너 화물선이든 항로를 지나며 정박하고, 물류를 환적하고, 생산과 재가공에서 금융거래까지 밸류체인이 연결될 수 있는 인프라가 있어야만 국부가 창출됩니다. 즉, 항로는 길을 제공하지만, 국부를 창출할 물류는 항구와 그 배후 단지에서 탄생합니다. 북극항로가 '운송의 경로' 이상의 자원 확보, 병목점 지배 등 지정학적 전략 카드라는 측면을 고려했을 때 거점항구 확보는 우리 대한민국에게 지경학적 선택지를 넘어서는 필수 생존 조건이자 패권의 향방에 지대한 영향을 미치는 핵심 요소가 될 것입니다.

이뿐만이 아닙니다. 바야흐로 4차 산업혁명의 새로운 시대가 도래하고 있습니다. 그러나 4차 산업혁명이 추구하는 데이터, 플랫폼, 인공지능, 로봇 기술은 모두 실물경제의 흐름, 즉 물동량 없이는 무의미합니다. 데이터를 모으는 것도, 인공지능을 학습시키는 것도 결국은 생산과 소비의 흐름이 있어야 가능합니다. 거점항구는 이러한 흐름을 집중시키는 물리적 조건입니다. 미국의 실리콘밸리도, 중국의 선전도 모두 항만과 연결된 지역에서 출발했다는 사실을 잊지 말아야 합니다.

중국은 이미 북극항로를 자국의 새로운 성장동력으로 삼기 위해, '빙상 실크로드'라는 이름하에 러시아 항구 사용권 확보, 자원 개발, 전략적 항만 건설 등 전방위적 접근을 시도하고 있습니다. 단순한 물류 운송 경로 확보를 넘어서 에너지 수입 안정성, 지정학적 우회로 확보, 자원 저장 및 재가공 거점 확보라는 3중 목표를 세우고 있는 것입니다. 한국도 이 흐름을 눈여겨 보아야만 합니다. 단순히 뒤쫓는 것은 무조건 지는 것입니다. 앞서 나아가야 비로소 이길 수 있는 가능성이 생깁니다.

우리에게는 부산항이 있다?

거점항구 구축이 필요하다는 주장을 듣게 되면 대개 "우리에게는 이미 세계적인 항구 부산항이 있지 않나" 하는 생각을 떠올립니다. 한반도 남단의 부울경 지역은 북극항로의 필수 경유지인 대한해협에 면해 있어 지리적으로 최적의 후보지인 것은 분명한 사실입니다. 그러나 이러한 지정학적 조건만으로는 거점항구 유치 경쟁에서 이길 수 없습니다. 중국도 대등한 지정학적 조건의 거대 항구를 여러 개 보유하고 있기 때문입니다. 현재의 부산항은 이미 포화 상태입니다. 대규모 확장과 근본적인 기능 개선 없이는 고도화된 북극항로의 전천후 거점항구로서 기능하기에는 한계가 명확합니다. 조금 더 시야를 넓혀 부산을 중심으로 울산과 경상남·북도 일대를 통틀어 살펴보더라도 부산은 청년 인구 이탈로 경제가 침체하고 있고 울산, 창원 등 공업 지역은 녹슬어 가는 레거시 산업으로 쇠퇴 추세가 가속화되고 있습니다. 세기적 기회를 목전에 두고 있지만 부울경은 그 절호의 기회를 포착할 준비가 되어 있지 않다는 것입니다. 쇠퇴하는 지역경제, 이탈하는 청년층, 포화된 항만 기능은 우리에게 냉혹한 현실을 일깨워 줍니다. 쉽게 말해 거점항구 유치 경쟁에 뛰어들 기초체력 자체가 상실되고 있는 것입니다. 부울경의 쇠퇴를 이대로 방치하는 한 북극항로의 거점항구 유치는 한낱 신기루에 지나지 않게 될 것입니다. 그렇기에 부울경 살리기가 지금 우리가 당면한 가장 시급한 과제입니다.

우리의 현실은 이러한데 북극항로에 인접한 다른 국가들은 상황이 어떨까요? 북극항로의 거점항구를 유치하려면 반드시 국제 경쟁에서 승리해야 합니다. 우리의 오랜 경쟁자 일본과 중국은 어떤 상황일까요?

우선 일본은 도쿄, 요코하마 등 거대 항만 도시들이 모두 태평양 연안에 집중되어 있고 일본 열도의 서쪽 해안에는 북극항로의 거점항구가 될 만한 큰 항구가 없습니다.

문제는 중국입니다. 중국은 앞서 잠시 언급했듯 북극항로 거점항구 유치에 유리한 조건을 갖추고 있을 뿐만 아니라 이미 많은 노력을 기울이고 있습니다.

중국은 상하이, 닝보, 샤먼, 선전, 광저우 등 세계 최대급 항만들을 북극항로가 스쳐 가는 동남 해안에 두고 있으며, 이 거대 항만들과 엄청난 규모의 배후 산업단지들은 이미 글로벌 물류 중심지로 자리 잡고 있습니다. 특히 상하이항은 부산항보다 TEU 기준 2배 이상의 물동량 처리 능력을 갖추고 있으며, 배후의 산업단지와 물류 네트워크 역시 세계 최고 수준입니다. 닝보, 선전 역시 부산항과 비교해 전혀 뒤지지 않는 경쟁력을 가지고 있습니다. 한국이 지정학적으로 꼭 더 유리한 위치를 점하고 있는 것도 아닐 뿐더러, 항구 인프라나 배후 산업의 규모에서 볼 때 중국은 한국보다 한 수 우위를 점하고 있는 힘겨운 경쟁자입니다.

중국이라는 거대한 경쟁자 대비 불리한 상황에 있는 우리는 어떻게 대응해야 할까요?

한반도 전체가 항구가 되어야 한다

부산항만으로는 부족합니다. 거점항구란 단순히 정박 시설이 아니라 도시와 산업벨트 전체가 유기적으로 연결되어 움직이는 종합 시스템입니다. 대한민국이 중국과의 경쟁에서 거점항구를 유치하기 위해서는 부산항 혼자는 역부족입니다. 부울경 전체가 하나의 첨단 산업기술 메가 클러스터로 기능해야 합니다. 부울경 거점항구는 광활한 북극해와 거대한 시베리아 대륙을 기반으로 지하자원 및 해양에너지 관련 복합 기능까지 함께 수행할 수 있어야 합니다. 북극항로를 통해 운송되는 석유와 가스는 물론이고 목재 및 신선 냉장 물류 수요 또한 증가하는 만큼, 부산·울산·경남이 '에너지 공급, 식음료 가공 및 저장 기지' 기능까지 수행하는 전천후 산업 물류단지로 거듭나야만 차별화된 경쟁력을 확보할 수 있습니다. 이처럼 항구의 물류 기능뿐 아니라 에너지와 자원의 회랑 기능, 나아가 전략적 지정학 축의 핵심 거점으로 확장돼야 진정한 북극항로의 수혜를 받을 수 있습니다. 예컨대, 부산은 환적과 스마트 항만의 중심지로, 울산은 자동차 및 에너지 저장과 조선 정비 기지로, 포항은 철강과 벌크 화물 특화 항만으로, 경주는 해상 관광과 첨단 서비스산업의 중심지로 나아가는 것입니다. 이렇게 경상남·북도에 산개한 지자체별로 그 기능과 역할을 분담하며 유기적 생태계를 형성해야 합니다.

한 걸음 더 나아가 부울경의 첨단산업 기술 기반을 바탕으로, 한려수도를 따라 한반도 남단에 말라카 해협의 금융 거점인 싱가포르 같은 금융 중심 도시를 새로 건설할 수 있고, 현재 중국령으로 쇠퇴하기 시작한 홍콩·마카오를 대신할 상업과 위락 중심지 또한 유치할 수 있습니다. 그뿐만 아니라 20세기 인간의 상상력의 한계를 보여 주었다는 찬사를 받는 두바이의 팜 주메이라와 같은 미래형 첨단 다목적 인공 섬들까지 다도해 섬들과 함께 조화시켜 나가는 방안도 구상할 수 있습니다. 이를 통해 단지 항로를 따라 건설된 전통적 거점항구의 패러다임을 한 단계 뛰어넘는 북극항로 시대의 새로운 도시 모델이자 신문명의 중심지를 한반도 서남단까지 확장해 나갈 수 있습니다. 이것이 상상의 세계가 아니라 현실이 될 수 있는 이유는 한반도 남단을 중심으로 동심원을 그려 볼 때 우선 한중일 3국의 경제 규모는 미국을 뛰어넘었습니다. 또 약진하는 동남아시아 경제권과 중국을 뒤쫓아 부상하는 인도 경제 그리고 남북으로 호주와 러시아까지 포괄하는 동심원 속에는 전세계 부(wealth)의 절반 이상이 포함되어 있기 때문입니다.

이 거대한 문명사적 비전의 출발점은 바로 부울경 살리기로 시작되어야 합니다. 부울경 지역은 말씀드렸다시피 지금 경제와 산업이 침체되고 청년들이 떠나며 활력을 잃고 있습니다. 따라서 지금 우리가 해야 할 일은 단순한 항만 인프라 확장이 아니라, 거점항구 유치를 위한 전초기지로서 부울경을 되살리는 것입니다. 부울경 살리기는 거점항구 유치의 마중물이자 선결조건이 되어야 합니다. 앞서 골드만삭스 보고서를 살펴보며 대한민국이 겪고 있는 내우, 즉 산업 경제적 침체와 저출산 위기에 대해 살펴본 바 있습니다. 부울경 살리기는 대한민국의 국가 인프라 자체를 수도권과 부울경의 양극 체제로, 나아가 한려수도를 따라 호남권까지 삼극 체제로 재편하여 현재 수도권 인구 집중과 과당 경쟁으로 인하여 초래된 극 저출산 문제를 근본적으로 해결하여 국가 경제의 새로운 성장 모멘텀을 이끌어 낼 수 있는 전략이기도 합니다. 다시 말해, 수도권 집중 해소와 국가 경제의 다극화를 동시에 달성할 수 있는 유일한 대안이 부울경 살리기, 나아가 북극항로 거점항구 유치인 것입니다.

왜 하필 부울경인가?

이런 의문이 들 수도 있습니다. 왜 광양이나 인천은 아닌가? 우리나라의 여러 항구 중 왜 꼭 부울경이어야 하는가?

비록 부울경의 기초체력이 갈수록 떨어지고는 있지만, 부울경 지역의 잠재력은 여전히 한국 최고 수준입니다. 첫째, 기존 항만 인프라의 질과 양이 다릅니다. 부산은 이미 세계 7위의 컨테이너 처리량을 자랑하는 항만으로, 국내 컨테이너 물동량의 75퍼센트를 처리하고 있습니다. 광양은 화물 처리에 특화되어 있고 인천은 수도권과의 인접성 외에는 글로벌 물류 허브로서 좋은 조건에 있지 않습니다. 게다가 광양, 인천 등 다른 항구들은 북극항로에서 접근성이 부산보다 뒤떨어집니다.

둘째, 배후 산업 생태계가 압도적입니다. 울산의 정유·화학, 창원의 기계·방산, 김해와 진주의 항공·의료 산업이 이미 존재합니다. 새로 산업단지를 조성하는 것보다는 기존 산업단지를 활성화하고 첨단화시키는 것이 비용효과 면에서 월등히 유리합니다.

셋째, 인구와 인재 기반입니다. 부울경은 단일 경제권으로 묶을 경우 800만 명 이상의 인구를 보유하고 있으며, 대한민국 제조업 기술자들의 30퍼센트 이상이 몰려 있는 지역입니다. 수도권 다음가는 두뇌 집적지이며, 기술자·연구자·노동자의 복합 인프라가 이미 구축되어 있습니다.

넷째, 공항·철도·고속도로로 연결된 입체적 물류체계가 완비돼 있습니다. 김해신공항과 가덕도 신공항 예정지, KTX와 부산항을 잇는 복합 물류 축은 글로벌 수준의 트라이포트(tri-port) 전략을 가능케 합니다.

이 모든 조건은 광양, 인천 등 국내 다른 항구가 따라올 수 없는 것입니다. 부울경은 단순히 '하나의 지역'이 아니라, 이미 대한민국 제2의 수도권이며 북극항로 거점항구로 기능하게 될 경우 서울·경기 수도권을 뛰어넘을 수 있는 역량이 잠재해 있습니다.

부울경 거점항구 유치가 가져올 변화

첫째, 고용 및 지역경제 부흥입니다. 거점항구는 단순한 부두 일자리가 아닙니다. 항만 물류, 스마트 통관, 수출입 금융, 스타트업 플랫폼, 연구개발 센터, 해양관광 등 다양한 고부가가치 산업이 연결되며 청년 고용의 블루오션이 됩니다.

둘째, 한국형 싱가포르, 한국형 두바이 모델의 실현입니다. 해상 물류의 중심, 항공·철도 연결 허브, 문화와 관광이 융합된 경제특구로서 부울경은 동북아의 금융 및 비즈니스 허브로 도약할 수 있습니다. 역사적으로 항구는 제국의 심장이었고 앞으로는 더욱 그렇습니다. 대한민국의 부산이 바로 그 후보입니다.

셋째, 금융 및 외환 문제 해결의 열쇠가 됩니다. 에너지 수입과 원자재 유통을 항만 단계에서 컨트롤함으로써 금융 허브로서의 기능을 할 수 있게 되고 환율 충격을 최소화하여, 국가의 무역수지를 구조적으로 개선할 수 있습니다.

거점항구 유치를 위한 또 다른 조건

대한민국이 전략 거점항구 유치에 성공하려면, 외교 전략도 병행하여야 합니다. 북극항로는 러시아 쪽의 북동항로와 미국 알래스카 쪽의 북서항로가 결국 베링해협에서 만납니다. 즉, 북극항로는 본질적으로 미국과 러시아의 해양 전략이 맞물리게 될 공간입니다. 우리가 북극항로에 진출하려면, 미국과 러시아 양쪽 모두와 외교적·경제적 협력 관계를 구축해야 합니다.

현재 러시아는 북극 자원과 항로의 지배권을 확보하고자 우크라이나와 전쟁 중임에도 불구하고 핵추진 쇄빙선을 계속 건조하고 있으며, 북극해 인근의 에너지 자원을 중심으로 전후 국가 경제 전략을 재편하고 있습니다. 특히 우리가 북극항로라고 부르는 구간인 러시아 영해를 통과하는 북동항로는 물리적·제도적으로 러시아의 통제권하에 있습니다. 따라서 러시아 측과의 항만 리스, 시베리아 자원 공동 개발, 혹은 연해주 기반 산업벨트 연계 전략이 필요합니다. 러우 전쟁 종전 후 러시아의 동진이 예정된 수순이기는 하지만 아직까지 활성화된 적이 없는 러시아 측 인프라와의 긴밀한 연결에는 많은 난관이 가로막고 있을 것입니다. 한국 정부와 러시아 정부 간에 대타협과 같은 특단의 조치가 선행되어야 합니다.

미국은 어떨까요? 미국은 중국을 포위하기 위해 아시아 태평양 지역 해상 전략을 강화하고 동아시아 지역에서 존재감을 확고히 해야 하고(Pivot to Asia), 그러려면 북극항로에 대한 영향력을 절대로 포기할 수 없습니다. 이러한 양국의 전략이 교차되는 접점에 있는 것이 바로 우리 대한민국입니다.

그런데 문제는 미국과 러시아의 지원을 받는다고 하더라도 현 상태의 부울경으로는 중국의 기라성 같은 항구도시들과 경쟁하여 북극항로의 거점항구를 유치해 내기가 결코 쉽지 않다는 것입니다. 앞서 말씀드린 바와 같이 기초체력이 너무나도 떨어져 가고 있기 때문입니다.

따라서, 무엇보다 시급한 것은 부울경의 기초체력을 끌어올리는 것입니다. 이와 동시에 북극항로에 대해 실질적인 영향력을 행사하는 두 국가인 미국과 러시아와 긴밀하게 협조해야 합니다. 이 협조는 미국의 세계 패권 질서를 재편하기 위한 노력의 일환으로 시작되고 러우 전쟁 종전 이후 러시아의 동진으로 발현되겠지만 단순한 외교적 레토릭에 그치는 것이 아니라, 실제 물류, 에너지, 기술, 인프라 투자에서 구체적으로 실현되어야 할 프로젝트입니다. 부울경이 우선 국내에서 거점항구로서의 기반을 닦고 미국과 러시아 그리고 한국이 긴밀하게 연결될 때, 비로소 대한민국이 북극항로의 거점항구를 보유한 패권 질서의 중심 국가로 거듭날 수 있는 것입니다.

다만, 현재 상태로는 미국과 러시아의 지원을 받더라도 거점항구를 놓고 겨루는 중국과의 경쟁에서 승산이 크지 않다는 사실을 반드시 기억해야 합니다.

거점항구는 선택이 아니라 필수다

우리는 지금 북극항로 개통이라는 역사적 변곡점을 맞고 있습니다. 변곡점은 준비된 자에게만 기회가 됩니다. 이 기회가 우리의 선택이 아니라 생존을 위한 변곡점인 이유는 북극항로 거점항구가 현재 대한민국이 직면하고 있는 5대 위기(남중국해 위기, 주한민국 철수 위기, 북핵 위기, 한한령 위기, 한일관계 위기)를 극복할 수 있는 레버리지 역할을 하게 될 것이기 때문입니다. 이에 대해서는 Part 3(135쪽)에서 말씀드리겠습니다.

이 기회를 놓치면 대한민국은 항로가 스쳐 지나가기만 하는 그 많은 '단순 통과국' 중 하나로 전락하고 말 것입니다. 거점항구가 없는 국가는 제아무리 항로에 인접해 있어도 경제적, 전략적 이익을 확보할 수 없습니다. 이것이 거점항구 확보를 위해 대한민국이 거국적으로 부울경 되살리기에 나서야 할 이유입니다.

이는 단지 특정 지역 발전의 문제가 아니라, 국가와 민족의 미래, 그리고 세계 패권 질서 속에서 대한민국의 위상을 새로 결정짓는 일입니다.

기회의 시계는

속절없이
가고 있다

핵추진 쇄빙선 아크티카호의 사진(1980년), 니콜라이 자이체프 사진,
리아 노보스티(RIA Novosti) 소장.

북극의 두꺼운 얼음을 가르며 항해하는 러시아의 최신예 핵추진 쇄빙선 아크티카호.
경쟁국들은 이미 미래의 바닷길을 선점하기 위해 전력투구하고 있다.
기회의 시간은 우리를 기다려주지 않는다.

"지금 이 타이밍을 놓친다면,
우리는 또다시 패권 질서의 중심을 벗어난
수많은 그저 그런 주변국가 중 하나로
남게 될 것입니다."

모든 전략에는 타이밍이 있습니다. 아무리 훌륭한 기회도, 아무리 정교한 준비도, '언제' 했느냐에 따라 결과는 극적으로 갈립니다. 지금, 북극항로를 둘러싼 국제 정세는 마치 모래시계의 모래알들처럼 쉼 없이 흘러내리고 있습니다. 기회의 창이 열렸지만 결코 오래가지 않을 것입니다.

러우 전쟁 이후 미국과 러시아의 행보

2022년 2월부터 시작된 러우 전쟁은 이제 종전을 앞두고 세계 패권 질서를 뒤흔들기 시작했습니다. 3년째로 접어든 이 전쟁은 전통적인 유럽의 에너지 공급망을 붕괴시켰고, 유럽 에너지 시장에서 사실상 퇴출된 러시아는 중국, 인도 등 제3의 시장으로 진출하고 있는 상황입니다. 미국은 러우 전쟁 종전 이후의 세계 패권 질서를 준비하고 있으며, 에너지 공급망 재편을 중심으로 '전후 세계 패권 전략 수립'이 본격화되고 있습니다.

2024년 12월에 보도된 『파이낸셜 타임스(Financial Times)』의 기사에 따르면 미 정보 당국과 독일 외교 전문가들은 2025년 상반기 중 러우 전쟁의 실질적 종전 가능성을 언급하고 있으며, 실제로도 서방과 러시아 간 비공식 접촉이 이어지고 있다고 합니다. 종전은 평화 회복의 신호라기보다는, 미국의 패권 질서 재편을 세상에 알리는 신호탄으로 보아야 합니다.

미국은 종전 협상 과정에서 전통적인 우방 EU를 제쳐 놓고 마치 러시아 편에 선 듯한 모습을 보이기까지 하면서 전략적으로 러시아를 포섭할 방법을 모색하고 있는 것으로 보입니다. 그 핵심 이유는 중국입니다. 러시아를 중국 포위망에 포함시키고자 하는 이른바 신(新)냉전형 외교 전략은 트럼프 1기 행정부 시절부터 예고된 흐름이며, 트럼프 2기 행정부 외교 라인에서도 명시적으로 언급되고 있습니다. 그 구체적 실행 전략은 중국에 대한 러시아의 에너지 공급 차단으로부터 시작될 것입니다.

러시아 역시 유럽과의 단절 이후 동진을 준비하고 있습니다. 러시아는 더 이상 유럽 경제 질서 안에 머물 수 없습니다. 푸틴은 "러시아와 유럽은 예전과 같은 관계를 구축할 수 없을 것"이라 밝혔습니다. 이는 러시아의 돌이킬 수 없는 전략적 시계가 아시아로 이동했음을 뜻합니다. 실제로 러시아 연방 정부는 2023년 말 발표한 "2024~2035 극동지역 사회-경제 발전 국가 프로그램"에서 시베리아 횡단 철도(TSR)와 북극항로의 연계를 명시하며, 블라디보스토크와 나홋카, 무르만스크 등 극동항만 현대화에 100억 달러 규모의 투자를 계획하고 있다고 밝혔습니다. 이는 러시아의 동진 전략을 구체화하는 핵심 인프라로, 북극항로와 아시아 내륙을 직접 연결하여 물류 효율성을 극대화하려는 의도로 추측해 볼 수 있습니다. 원자력 쇄빙선 건조도 전쟁 중임에도 불구하고 중단 없이 계속하고 있으며 야말 LNG 프로젝트에 이어서 야말보다 훨씬 더 큰 규모의 기단반도(Gydan Peninsula) LNG 프로젝트를 준비 중이라는 미확인 정보도 있습니다. 러시아는 대규모 에너지 프로젝트와 동진에 국가의 미래를 걸었고 미국은 중국에 대한 러시아 에너지 공급 차단에 패권의 미래를 걸고 있습니다. 이 두 강대국의 미래 전략이 충돌하지 않고 조화를 이루려면 지정학적으로 보나 지경학적으로 보나 대한민국의 중간 역할이 꼭 필요할 것입니다.

더 이상 지체할 수는 없다

중국은 이미 북극항로의 지정학적 공백을 파고들고 있습니다. 중국 국영 해운기업인 코스코(COSCO)를 앞세워 북극항로를 이용한 상업 운항을 시작했고, 러시아의 북극 항만 건설에도 투자 중입니다. 중국은 단순히 항로 확보가 아니라, 거점항구 유치, 자원 저장지 확보, 제도적 표준 선점까지 동시에 노리고 있습니다. 중국은 2018년 발표한 "북극정책백서"를 통해 자신을 '근(近) 북극국가'로 규정하고, 북극항로를 '빙상 실크로드'로 명명하여 일대일로 프로젝트의 일환으로 적극적인 참여를 선언했습니다. 또 일본은 자원, 에너지, 산업기술 등 모든 면에서 한국처럼 러시아와 경제적 보완 관계에 있습니다. 비록 일본이 북방 섬을 두고 러시아와 영토 분쟁하에 있지만 아베 정부 시절 한때 추진한 바와 같이 영토 문제와 경제 협력을 연계시켜 일괄 타결을 시도할 수도 있습니다. 또한, 현재 일본은 자국 해운업과 연계한 북극항로 프로젝트에 정부 차원의 투자를 이어가고 있습니다. EU는 위성항법 시스템을 북극권에 깔며 디지털 해상 주도권 확보를 노리고 있습니다.

그런데 우리는 지금 어디에 서 있습니까? 우리에게는 더 이상 망설일 시간이 없습니다. 북극항로라는 신항로가 열리고, 국제질서는 빠르게 재편되고 있으며, 거점항구 유치 경쟁은 이미 시작됐습니다. 지금 이 타이밍을 놓친다면, 우리는 또다시 패권 질서의 중심을 벗어난 수많은 그저 그런 주변국가 중 하나로 남게 될 것입니다.

변곡점을 레버리지해야 한다

우리는 이 흐름에서 새로운 전략적 돌파구를 찾아낼 수 있습니다. 미국은 기술과 금융, 러시아는 자원과 항로, 그리고 한국은 제조와 물류 인프라를 보유하게 된다면 그것은 단순한 경제 협력을 넘어 새로운 패권 질서의 전환점이 될 수 있습니다. 세계의 흐름은 분명합니다. 러시아는 북극항로를 따라 동쪽으로, 미국은 태평양을 넘어서 중국 쪽으로, 그리고 우리는 그 접점에 서 있습니다. 부울경 거점항구는 이 세 나라의 전략을 묶어 줄 실체적 공간이 될 수 있습니다.

Part 2에서는 세계 패권 질서의 지각변동을 일으킬 북극항로 개통이라는 변곡점 그리고 그 변곡점을 레버리지할 수 있는 유일한 전략 거점항구 유치에 대해 살펴보았고, 그 시점이 왜 지금 이 순간인지, 러우 전쟁의 종전이 무엇을 의미하는지 확인했습니다. Part 3에서는 이러한 현실 속에서 각 국가는 어떤 전략을 준비하고 있을지 그 속내를 짐작해 보고자 합니다. 미국은, 정확히 말해 트럼프 2기 행정부는 세계 패권 질서 유지를 위해 구체적으로 어떤 전략을 펼치려고 할까요? 동진하는 러시아는 한국, 일본, 중국 중에서 전략적 파트너를 정해야 합니다. 이들 중 누구와 함께하고자 할까요? 중국과 일본 역시 러시아와 협력을 필요로 합니다. 표면적으로는 각국의 이해관계가 실타래처럼 복잡하게 얽힌 것처럼 보이기도 하지만, 대한민국의 다음 행보는 의외로 명확합니다. 이제 차근차근 하나씩 짚어 보겠습니다.

PART 03

패권 쟁탈전:

한, 미, 러가 맞물린다

강소국의 필승전략: 대한민국의 1+3+5 전략

천하사각지계(天下四脚之計)

미국, 그리고 트럼프의 전략: 1차방정식의 세계 경영

러시아, 동쪽으로 향하다:
동진 전략과 한미러 합종의 필연성

중국과 일본: 영원한 경쟁자이자 불가피한 협력자

북한, 그 어려운 이름

강소국의 필승전략:

대한민국의
1+3+5 전략

1914년 러시아에서 제작한 포스터의 일부.

20세기 초 유럽의 세력 균형을 바꾼 '삼국 협상'의 동맹국인
프랑스, 러시아, 영국의 여성 의인화를 담은 포스터.
이 역사적 동맹은 강대국들의 각축장 속에서 국가의 생존을 위해
어떻게 전략적 연대를 구축해야 하는지를 보여주는 사례다.
대한민국의 '1+3+5 전략' 역시 이러한 다자간 외교의 현대적 해법이다.

"지금 대한민국에게 1+3+5 전략은
하면 좋고 안 해도 그만인 선택이 아닙니다.
하면 살고 안 하면 죽는 선택의 여지가 없는
필수 전략이자 생존 전략입니다."

지금부터는 대한민국이 어떻게 새로운 세계 패권 질서 속에서 어떻게 생존하고 번영할 수 있을지 그 구체적인 전략을 제시하겠습니다. 앞선 장들에서는 최근의 북극항로 개통이라는 전환점이 어떻게 대한민국이 농업사회의 지정학적 저주로부터 벗어날 새로운 기회를 제공하는지를 조망했습니다. 그리고 북극항로 개통의 수혜를 온전히 받기 위해 거점항구를 유치하는 전략의 필요성을 살펴보았습니다. 이제부터는 거점항구 유치를 위한 실행 전략을 말씀드리고자 합니다. 앞서 암시하였듯 대한민국이 거점항구를 유치하기 위해서는 부울경을 살리는 것과 동시에 미국 그리고 러시아라는 두 강대국과 긴밀하게 협력해야 합니다. 즉, 우리에게 지금 당장 필요한 실행 전략은 한국-미국-러시아의 합종 전략입니다. 이것이 정말 가능할까요? 대한민국이 앞으로 펼쳐야 할 전략에 대해 이야기해 보겠습니다. 바로 "1+3+5 전략"입니다.

전략적 국가 분류 체계: 1, 3, 5

1, 3, 5는 단순한 숫자의 나열이 아닙니다. 이것은 우리가 직면한 국제질서의 냉혹한 현실을 타개해 나갈 수 있는 전략 수립을 위한 국가군 분류입니다. 1군부터 5군까지 5개 그룹으로 구성된 국가 분류체계를 바탕으로, 각국의 위치와 우리의 전략적 선택지를 분석하고, 대한민국이 생존을 넘어 번영으로 가기 위해 어떤 전략을 펼쳐야 하는지 구체적 방안을 제시하기 위한 것입니다.

먼저 각 국가를 국력과 전략적 위치에 따라 다음과 같이 다섯 개 그룹으로 나눌 수 있습니다.

- **1군 국가**: 전방위적으로 절대적인 영향력을 행사하는 패권국 미국.
- **2군 국가**: 중국, 일본, EU처럼 강한 국력을 갖고 언제든 세계 패권에 도전할 수 있는 강대국. 특히, 중국

은 2군 국가 중 가장 강력한 국가로서 미국의 패권을 위협하는 경쟁국으로 급부상함.

- **3군 국가**: 대한민국처럼 높은 기술력과 산업 역량을 갖췄지만, 자원이나 지정학적 불리함 등으로 아직 강대국 수준에 도달하지 못한 강소국.
- **4군 국가**: 베트남, 태국 등 산업화를 강력하게 추진하고 있으나 아직 개도국 수준을 벗어나지 못한 국가.
- **5군 국가**: 러시아, 남미, 중동 등 자원은 풍부하나 제조업 기반이 약하여 자원, 에너지, 곡물 등의 수출에 경제를 의존하고 있는 국가.

이 중 대한민국은 어디에 속할까요? 우리는 자타가 공인하는 3군 국가입니다. 그리고 바로 이 점이 1+3+5 전략의 핵심 출발점입니다.

한미러의 합종: 1+3+5 전략

대한민국 같은 3군 국가는 모든 가치가 오직 토지를 기반으로 창출되던 농업사회, 독점 패권 시대에는 패권의 피해자이기 십상이었습니다. 그러나 가치 창출을 위해 원자재, 소재, 부품, 장비, 기술 등 다양한 생산요소를 필요로 하는 산업사회, 과점 패권 시대에는 패권국 혹은 다른 강대국과 부족한 생산요소를 서로 주고받는 보완관계를 통하여 패권의 수혜자가 될 수 있습니다. 이는 동시에 상품시장에서 앞뒤로 경쟁 관계에 있는 2군, 4군 국가를 압박하는 효과까지 얻는 일거양득의 전략이 될 것입니다. 이것이 농업사회의 원교근공과 흡사한 보완과 경쟁의 원리입니다. 바로 이것이 1+3+5 전략의 핵심 원리입니다.

3군 국가의 발전 전략은 두 가지 방향으로 요약됩니다. 하나는 근공 전략, 즉 앞선 2군 국가를 추격하며 쫓아오는 4군 국가를 따돌리는 경쟁이고, 다른 하나는 원교 전략, 즉 원천기술 등 산업 지배력을 가진 1군 국가 및 자원, 에너지 등을 보유한 5군 국가와 보완 협력을 강화하는 것입니다. 그렇다면 현재 동북아에서 한국과 경쟁하고 있는 일본과 중국은 근공 대상 국가들이며, 한국과 보완관계에 있는 원교의 파트너는 미국과 러시아가 될 것입니다.

이 전략은 산업, 에너지, 기술 등 경제와 안보의 모든 분야에서 현실적인 해법을 제공합니다. 미국은 기술과 자본 면에서 한국과 보완관계를 이룹니다. 미국은 첨단 원천기술과 설계 능력,

한국은 응용기술과 대량생산 능력을 갖고 있어 협력이 가능합니다. 반면 러시아는 자원, 에너지, 곡물 등에서 한국에 결정적인 보완 파트너가 됩니다. 한국 생산·응용 기술과 러시아의 이론·과학 기술 또한 보완적입니다. 이처럼 한국과 미국, 한국과 러시아는 각각 경제적 보완 관계를 형성할 수 있는 최적의 조합이 될 수 있습니다.

그런데 지금 대한민국에게 1+3+5 전략은 하면 좋고 안 해도 그만인 선택이 아닙니다. 하면 살고 안 하면 죽는 선택의 여지가 없는 필수 전략이자 생존 전략입니다. 왜냐하면 지금 대한민국은 산업과 외교, 안보 전선에서 동시에 다섯 가지 중대한 위기에 노출되어 있기 때문입니다.

첫째, 남중국해를 둘러싼 해양 분쟁 심화로 우리의 수출입 물류망이 언제든 차단될 수 있는 위험에 처해 있습니다. 한국의 주요 에너지와 원자재, 그리고 수출 물량의 대부분이 이 경로를 통과하기 때문에, 해당 해역에서 무력 충돌이 발생할 경우 국가경제에 즉각적인 타격이 불가피합니다. 그런데 당장 이를 대체할 항로가 없습니다. 둘째, 주한미군의 주둔 비용 분담과 역할 재조정 요구가 커지면서, 주한미군의 철수 가능성이 현실적인 변수로 떠오르고 있습니다. 이것은 트럼프의 일관된 정책입니다. 이는 곧 한반도가 안보의 핵심 억제력을 상실할 수 있다는 뜻입니다. 미국에게 한반도는 주한미군을 철수하거나 일부 감축하면 절대로 안 될 만큼 큰 전략적 가치가 있다고는 할 수 없습니다. 주한미군 철수에 대응할 만한 레버리지 또한 현재 한국에는 없습니다. 셋째, 북한 핵 문제의 당사자인 대한민국은 미국과 북한 간의 핵 협상에 직접 참가하지 못하고 있습니다. 왜냐하면 우리는 북한의 핵 위협에 대응할 만한 현실적인 레버리지를 보유하고 있지 못하기 때문입니다. 넷째, 사드 배치 이후 중국의 일방적인 보복성 조치는 경제, 산업, 문화, 관광 등 광범위한 분야에서 한국의 민간산업에 직접적인 피해를 안겼습니다. 그러나 우리가 일방적으로 당하고 있을 수밖에 없었던 것은 우리에게 대응할 레버리지가 없기 때문이었습니다. 다섯째, 한일 관계의 측면에서, 과거사와 영토 문제에서 일본은 일방적인 주장을 하고 있으며 최근 한미일 동맹 강화를 위한 한국의 대승적 양보에도 불구하고 일본은 그러한 주장을 더욱 강화하고 있습니다. 이것 또한 일본 우익들의 행태에 대응할 만한 레버리지를 우리가 가지고 있지 않기 때문일 것입니다.

이러한 복합적 위기 상황 속에서, 기술력과 제조 역량은 갖췄지만 자원과 지정학적 제약 때문에 대한민국은 단독으로는 생존과 발전을 지속하기 어렵습니다. 1군 미국과 5군 러시아를 한미러의 합종이라는 협력체로 묶어 낼 수만 있다면 현재 대한민국이 직면하고 있는 상기 5대 위기를 극복할 수 있는 레버리지를 우리가 만들어 낼 수 있을 것입니다. 만약 한미러의 합종이 이루어진다면 우리가 어떻게 상기 5대 위기로부터 벗어날 레버리지를 확보할 수 있을까요? 첫째, 러우 전쟁 이후 EU와 척진 러시아는 북극항로를 통한 동진에 국가 명운을 걸고 있으며, 미국은 패권에 도전하는 중국을 압박하기 위해 중국에 석유와 곡물을 공급하고 있는 러시아를 감싸 안고자 한미러의 합종에 동참할 것입니다. 그러면 한국은 남중국해 분쟁 등으로 수에즈 항로가 막혔을 경우에도 북극항로라는 대체 수단을 가지게 됩니다. 둘째, 만약 한미러의 합종이 성사되고 한반도 남단에 북극항로의 거점항구를 대한민국이 보유하게 되면 한반도의 전략적 가치가 엄청나게 커져서 미국은 대중국 압박과 패권질서 유지를 위해 한반도의 주한미군을 철수도 감축도 하지 못하게 될 것입니다. 셋째, 대한민국이 북극항로를 선점하고 거점항구를 확보하고 나면, 북핵 협상에서 미국이 북한에 제공할 더 많은 경제적 당근을 보유한 한국을 북미 협상 테이블에 초대하지 않을 수 없을 것입니다. 넷째, 중국은 한미러의 합종을 기반으로 동북아 패권 질서의 조정자로 등장한 대한민국을 사드 사태 이래 지금까지처럼 일방적으로만 대할 수는 없을 것입니다. 다섯째, 한미일 동맹에도 불구하고 일본 우익의 한국에 대한 일방적인 행태는 미국에게 일본 열도가 한반도보다 더 큰 전략적 가치가 있다는 사실에 기반한 것입니다. 그러나 한미러의 합종과 북극항로 거점항구 유치로 한반도의 전략적 가치가 훨씬 더 커지면 일본이 한국을 대하는 태도 또한 크게 바뀔 것입니다. 강한 자에게는 약하고 약한 자에게는 강한 일본이 더 강력해진 한국, 미국에게 더 큰 전략적 가치가 있는 한국, 북방 섬 등을 두고 일본과 영토분쟁 중인 러시아와 강력한 연대 관계를 맺고 있는 한국을 더 이상 일방적으로 대할 수는 없을 것이기 때문입니다.

1+3과 1+3+5의 톱니바퀴

다행히도, 현재의 세계 정세는 한국에게 유리한 방향으로 흘러가고 있습니다. 미국이 추진하는 1+3 전략이 바로 그것입니다. 미국은 1군 국가로서 3군 국가와 연대하여 2군 국가를 견제하는 전략을 일관되게 펼쳐 왔습니다. 사실 이것은 과거 영국이 프랑스를 견제하기 위해 맺었던 7차에 걸친 대프랑스동맹과 러시아의 팽창을 견제하기 위한 그레이트 게임의 연장선상에 있는 전략이기도 합니다. 그리고 이 전략은 제2차 세계대전 이후 미국의 패권을 위협하던 소련을 견제하고, 이어 경제 규모가 크게 성장한 일본을, 그리고 최근에는 약진하는 중국을 포위하는 과정에서도 일관되게 추진되고 있습니다.

미국은 과거 트럼프 1기 행정부가 이러한 전략을 본격적으로 시작했습니다. 바이든 행정부는 '트럼프 지우기'에 나섰지만 중국 포위만큼은 트럼프 행정부의 전략을 그대로 답습했습니다. 이제 트럼프 2기 행정부가 행정명령을 쏟아부으며 '바이든 지우기'에 전력에 다하고 있지만 바이든의 중국 포위 전략만큼은 더 한층 강화하고 있습니다. 러우 전쟁 종전 협상 과정에서 우방인 EU를 제쳐 놓고 러시아를 포섭하려는 움직임을 보이는 것이 그 때문입니다. 이는 단순히 트럼프 개인의 편견에 따른 선택도, 오판도 아닙니다. 미국이 1군 패권국의 지위를 유지하기 위해서는 도전하는 2군 중국을 견제하는 것을 최우선 목표로 하여야 하고, 그러기 위해서는 현재 러우 전쟁 과정에서 중국에 석유, 가스, 곡물 등을 공급하고 있지만 국경분쟁 등 미래 중국과 주적 관계로 발전할 수 있는 러시아와의 연합이 필수적이기 때문입니다.

바로 이 점에서 한국의 1+3+5 전략은 미국의 1+3 전략과 맞물립니다. 미국은 패권 유지를 위한 1+3 전략을 통해 중국을 견제하고자 하며, 한국은 미국과 러시아라는 보완국과의 1+3+5 합종을 통해 스스로의 생존 기반을 다지고 강대국의 패권 질서 속에서 스스로 입지를 확보하려는 전략을 구사할 수 있는 것입니다. 이 두 전략은 서로 충돌하지 않고, 오히려 톱니바퀴처럼 맞물려 돌아갈 수 있습니다. 이것이 바로 한미러 합종 전략이 강소국 대한민국의 필승 전략인 이유입니다. 한미러의 합종을 통한 강대국과 강소국의 동반성장의 구체적인 내용은 앞으로 차차 살펴보도록 하겠습니다.

1+3+5 전략은 대한민국의 도약대

1+3+5 전략은 우리만 원하는 이상론이 아닙니다. 지금 우리가 맞닥뜨리고 있는 지정학적, 지경학적 현실에 기반한 실천 가능한 전략입니다. 그렇다고 해서 이웃한 중국과 일본을 적대시하거나 한중일의 연횡에 역행하는 것은 아닙니다. 오히려 힘 있는 중국과 일본이 편협한 역사관과 소천하의 아집에서 벗어나 과거 '베세토'의 연장선상에서 한중일의 연횡으로 EU식 산업 내 분업을 통한 경제적 보완관계에 나설 수 있도록 자극을 주는 것입니다.

1+3+5 전략은 한국 외교의 대원칙이 되어야 합니다. 한미러의 합종을 통해 우리가 새로운 세계 패권 질서 속에서도 스스로

의 위상을 확보하고, 북극항로의 거점항구 유치라는 기회를 실현해 냄으로서 동북아의 중심 국가로 도약할 수 있는 현실적 대안입니다. 다음 장에서는 이 전략을 실행하기 위한 구체적 설계를 보여드리겠습니다.

천하사각지계

(天下四脚之計)

〈크리스토퍼 콜럼버스로 추정되는 남자의 초상화〉(1519년), 세바스티아노 델 피옴보 작,
메트로폴리탄 미술관 소장.

콜럼버스가 대서양 항로를 열어 역사의 물줄기를 바꾼 것처럼,
북극항로의 개통은 단순한 바닷길을 넘어 새로운 지정학적 시대와
국제 질서를 불러올 거대한 변화의 신호탄이다.

"세계 4강 사이에서 대한민국이 균형의 중심을 잡기 위해서는, 문명사적 차원의 전략과 지성이 필요합니다."

강소국의 필승 전략으로서 1+3+5 전략의 현실적인 모습이 바로 한국-미국-러시아의 합종 전략입니다. 이번 장에서는 1군과 5군 국가의 협력을 이끌어 내고, 2군 국가를 압박하는 한미러 합종의 구체적인 모습을 살펴보고자 합니다. 이 전략은 단순한 외교적 줄서기나 의례적 포지셔닝이 아닙니다. 지정학과 지경학, 그리고 전통 기간사업과 첨단 인공지능 및 디지털 미래산업이 입체적으로 연결되어 작동하는 '천하사각지계'입니다. 삼국지에서 제갈량이 3등국 촉한의 생존 전략으로 천하균형삼분지계를 제시했듯이, 4차 산업혁명이 도래하고 있는 지금 우리에게 필요한 것은 바로 이 시대에 맞는 균형 전략, 즉 천하사각지계입니다. 미국, 러시아, 일본, 중국 4강 사이에서 대한민국이 이끌려

다니는 수동적 플레이어가 아니라 새로운 패권 질서를 활용하고 조정하는 능동적인 플레이어가 되기 위해서는, 한반도 주변 4강을 사각(四脚)으로 하는 균형을 읽고 그것을 설계하는 안목이 필요합니다.

1+3+5 전략의 청사진

첫째, 지경학적 균형 전략입니다. 1+3+5 전략에서 1군은 미국, 3군은 한국, 5군은 러시아입니다. 이들은 서로 다른 자원과 역량을 보완합니다. 미국은 원천기술과 자본을, 러시아는 에너지와 자원을, 한국은 제조역량과 기술 응용력을 가지고 있습니다. 반면, 2군으로 분류되는 중국, 일본은 우리와 지정학적으로 가깝고 산업 구조상 경쟁 관계에 놓여 있습니다. 양국이 한중일의 연횡에 역행하고 한국을 근공의 대상으로 대하는 한 한국 또한 이들을 근공으로 대응하지 않을 수 없습니다. 그렇기에 한국은 1군과 5군 '원교' 대상국과 한미러의 합종이라는 전략적 연대를 추진하여야 합니다. 이것이 한국의 생존 전략이자 한중일의 연대를 이끌어 내는 가장 효과적인 전략입니다.

둘째, 첨단산업 기술 전략입니다. 기술 패권이 곧 국가의 생존을 좌우하는 시대입니다. 미국은 여전히 플랫폼, 인공지능, 반도체 설계 등 첨단산업 기술 분야의 원천기술을 대부분 장악하고 있습니다. 한국은 응용기술과 대량생산 능력에서 우위에 있으며, 러시아는 극한지 기술, 항공우주, 원자력 및 자원개발 기술에서 강점을 가집니다. 이 세 국가는 기술적으로도 상호 보완적입니다. 이렇게 한미러 3국 간의 서로 다른 기술적 비교우위를 최대한 활용하여 한국은 미국의 첨단산업 원천기술의 틈새시장을 공략함으로써, 또 러시아의 거대 과학 원천기술의 활용을 통하여 한미러 3국이 상생하는 윈윈(win-win)의 성과를 이끌어 낼 수 있습니다.

셋째, 국제 외교·안보 전략입니다. 국제관계는 명분이 아니라 실리입니다. 한미러의 합종은 도덕적 기준이나 감성적 친밀감이 아니라, 상호 필요에 따라 전략적으로 작동하는 국익 우선 외교입니다. 미국이 1+3 전략을 통해 중국을 견제하는 것은 미국이 패권을 유지하기 위해 불가피한 전략이며, 그 과정에서 지난 트럼프 1기 행정부가 한국과 러시아를 G7에 영입하여 중국을 포위 견제하려고 한 바 있습니다. 러시아 역시 전후 EU와 협력이 불가능한 상황에서 동쪽으로의 출구가 필요하며, 잠재적인 적국 중국과 일본에 비해 어떤 경우에도 러시아에 위협이 되지 않고 상호보완적인 한국은 미국과 러시아의 전략적 연대에 동승하여 한미러 합종의 조정자이자 촉진자의 역할을 수행할 수 있습니다.

한미러의 합종은 한중일의 연횡을 되살릴 수 있는 유일한 방안입니다. 북극항로를 선점하고 거점항구를 확보한 대한민국은 동북아를 중심으로 한 글로벌 지경학의 새로운 무대 위에서, 기술과 자원의 허브로서 사각의 균형의 중심에 설 수 있는 유일한 나라입니다. 이 전략이야말로, 한반도의 평화와 번영, 그리고 새로운 세계 패권 질서의 출발점이 될 것입니다.

북극항로가 열리고 있습니다. 그러나 그 기회는 거점항구의 확보가 전제되어야 합니다. 한국 혼자 힘으로는 역부족인 거점항구 유치를 가능하게 하는 전략이 바로 한미러의 합종입니다. 그리고 한미러의 합종이 가능한 이유는 한국의 1+3+5 전략과 미국의 1+3 전략이 톱니바퀴처럼 맞물려 윈윈하는 결과를 가져올 것이기 때문입니다.

민족사적 전략 외교의 DNA

사실 한국은 역사적으로 줄서기가 아닌 균형 외교의 유전자를 지닌 민족입니다. 고구려는 서쪽의 돌궐(突厥)과 손잡고 당나라를 견제했습니다. 신라의 김춘추는 당나라와 일본 사이를 오가며 원교근공의 원리에 따른 외교적 활로를 모색하여 백제, 고구려와 싸워 이겼습니다. 이후 벌어진 나당전쟁에서는 신라의 전략에 의도치 않은 행운도 따랐습니다. 당나라의 배신으로 백제와 고구려의 고토를 빼앗긴 신라는 670년 웅진 도독부를 공격해 80개 성을 수복하였는데, 이것은 우연히 티베트의 명장 가르친링이 당나라군을 대파한 것과 동시에 일어난 일이었습니다. 695년 당이 유인궤 장군과 병력을 티베트 전선에 투입하기 위해서 본국으로 송환하자 신라군이 매소성에서 당군 20만을 섬멸하고 군마 3만 필을 노획하는 등 나당전쟁을 승리로 이끌었습니다. 이것은 원교근공의 원리에 따라 최선을 다한 신라를 하늘이 도운 것이기도 합니다. 이로 인해 신라는 삼한 통일이라는 대업을 이룩할 수 있었습니다.

지금도 마찬가지입니다. 미국과 중국 사이에서 양자택일의 요구는 끊임없이 우리를 괴롭히고 있지만, 하나를 택하는 순간, 다른 하나로부터 입을 피해는 너무나 큽니다. 그렇기에 우리는 한미러의 합종을 통해 한중일의 연횡을 이끌어 내는 고차원적 외교 전략으로 이 시대의 새로운 패권 질서의 균형을 설계해야 합니다. '솥의 발이 세 개면 어디에 놓아도 쓰러지지 않는다(鼎足之計)'는 제갈량의 천하삼분지계(天下三分之計)가 불과 60여 년 지속된 '천하삼분십년지계(天下三分十年之計)'였다면, 뛰어다니는 모든 동물이 네 다리로 균형을 잡듯이 천하사각균형지계(天下四脚均衡之計)는 앞으로 몇백 년 지속될 '천하사각백년지대계(天下四脚百年之大計)'가 될 것이라고 확신합니다.

세계 4강 사이에서 대한민국이 균형의 중심을 잡기 위해서는, 문명사적 차원의 전략과 지성이 필요합니다. 우리는 전략적 외교의 DNA를 이미 가지고 있는 민족입니다. 지금 그 전략적 감각을 되살려 내야 할 때입니다. 다음 장에서는 세계 최강의 패권국 미국 그리고 미국을 이끄는 트럼프 2기 행정부가 과연 필자의 예언대로 강대국의 패권 전략인 1+3 전략을 추구하고 있는지 알아보겠습니다.

미국, 그리고 트럼프의 전략:

1차방정식의 세계 경영

미국 제45대, 제47대 대통령 도널드 트럼프.
미국 백악관 제공.

그의 '미국 우선주의'는 고립주의가 아닌, 중국이라는 단일 변수를 제압하기 위해 모든 외교 관계를 재정렬하는 '1차방정식'의 패권 전략이었다.

"트럼프는 복잡한 방정식을 싫어합니다.
그는 미국의 패권 전략도 세계 각국과의 국제관계도 모두
1차방정식으로 정리하려 합니다."

"트럼프는 1차방정식으로 세계를 움직인다."

이 표현은 비난도 비하도 아닙니다. 오히려 미국이라는 세계 패권국이 중국이라는 도전국을 상대할 때, 어떻게 현실적인 패권 전략을 전개하는지를 가장 직관적으로 설명하는 간명한 표현일 뿐입니다. 이 장에서는 미국의 패권 전략, 특히 트럼프 행정부가 일관성 있게 추진하고 있는 '1+3 전략'의 실체를 살펴봅니다. 그리고 이 전략하에서 대한민국이 어떤 대응을 할 수 있는지, 또 그것이 왜 우리의 미래를 결정지을 열쇠인지에 대해 구체적으로 다루고자 합니다.

미국은 정말 고립주의로 되돌아가는가?

신흥국의 도전과 패권국의 응징은 반복되는 역사의 중심 테마입니다. 이를 설명하는 대표적 이론들이 있습니다.

첫째는 하버드대학교의 그레이엄 앨리슨이 『예정된 전쟁(Destined for War)』에서 제기한 "투키디데스의 함정"입니다. 고대 스파르타와 아테네의 펠로폰네소스 전쟁을 분석한 투키디데스의 역사 서술에서 비롯된 이 개념은, 도전국(2등 국가)의 부상에 기존 패권국(1등 국가)이 위협을 느끼고 선제적 전쟁을 선택하는 경향을 설명합니다. 앨리슨은 고대뿐 아니라 근현대 세계사에서도 이 함정이 반복되었음을 강조하며, 미중 관계가 같은 패턴으로 흘러갈 가능성을 경고합니다. 그는 16건의 역사적 사례 중 12건에서 실제로 전쟁이 일어났다는 통계를 제시하며, 이 함정이 단순한 우화가 아닌 실질적인 전략적 위협임을 보여 주었습니다.

둘째는 미국 내 중국 전문가 마이클 베클리의 저서 『중국은 어떻게 실패하는가(Danger Zone)』에서 소개된 시각입니다. 이 이론은 도전국이 더 이상 패권국을 추월할 가능성이 없다고 판단할 때, 선택의 여지가 없는 최후의 발악으로 전쟁을 감행한다는 시나리오입니다. 즉, 자신에게 시간이 얼마 남지 않았다는 인식이 도전국의 전략적 무모함을 부추긴다는 것입니다. 예컨대, 독일은 제1차 세계대전 당시 러시아의 산업화가 완성되기 전에 유럽의 질서를 자신이 주도하고자 했고, 일본은 1941년 진주만을 기습하며 미국과의 격차가 더 벌어지기 전에 결정적인 타격을 가하려 했습니다. 이 관점은 도전국이 시간에 쫓길 때 오히려 더 불안정한 선택을 한다는 점에서, 투키디데스의 함정과는 정반대의 시각을 제시합니다.

셋째는 찰스 킨들버거의 이론입니다. 그는 패권국의 진정한 역할이 단지 강한 군사력이나 정치적 영향력에 있는 것이 아니라, 국제사회에 '공공재'를 제공하는 데 있다고 봅니다. 공공재란 국제금융 안정, 자유무역 질서, 해양 안보, 기술 표준 제공 등의 패권 질서를 통칭합니다. 제1차 세계대전 이후 영국에서 미국으로 패권이 이양되던 시기, 미국은 패권국으로서 국제사회에 공공재 제공을 기피했고 이로 인해 세계 경제는 대공황에 빠졌으며 결국 제2차 세계대전이라는 비극적 결과로 이어졌습니다. 즉, 국제사회를 이끄는 패권국이 글로벌 공공재를 제공하는 데 실패하여 국제 혼란과 불안정이 발생할 때 킨들버거의 함정에 빠진다고 말합니다. 패권 질서란 패권국이 신흥 강대국의 도전을 전쟁이 일어나지 않도록 미연에 방지함으로써 유지되고 그때 비로소 국제사회에 공공재도 공급할 수 있는 것입니다. 그래서 저는 킨들버거의 함정을 '패권국이 신흥 강대국의 도전을 미연에 방지하지 못해 일어난 전쟁'이라고 정의합니다. 이는 킨들버거가 기획한 마셜 플랜이 유럽과 독일을 부흥시켜 전후 신흥 강대국으로 부상한 소련이 미국의 패권에 도전하지 못하도록 미리 포위·압박하였던 사실 등을 기반으로 한 정의입니다.

최근 일부에서는 미국의 이라크 철수나 아프가니스탄 철군 등을 두고 "미국이 킨들버거의 함정에 빠지고 있다"라고 주장합니다. 즉, 미국이 고립주의로 돌아가면서 국제 공공재 제공을 포기하여 세계가 혼란과 전쟁으로 빠져들고 있다는 해석입니다. 그러나 이는 매우 잘못된 해석이라고 생각합니다.

단언컨대, 미국은 고립주의로 돌아가는 것이 아니라, 오히려 세계 패권 질서를 더욱 공고히 하기 위해 가장 핵심적인 부분에 국력을 집중하고 있는 것입니다. 그것이 바로 패권 질서 유지를 위한 기본인 '1+3 전략'입니다. 1+3 전략은 1군 국가가 3군 국가와 연대해 2군 국가를 포위·견제함으로써 전쟁 없이 패권 질서를 유지하는 고도의 전략입니다. 미국이 견제하는 2등 국가는 어디일까요? 바로 중국입니다. 즉, 미국은 현재 자신의 패권을 위협하는 중국을 보다 효과적으로 견제하기 위해서 패권과 직접 관련이 없는 국제분쟁 등에 국력을 낭비하지 않으려는 것입니다. 일단 패권 질서가 안정되어야 국제사회에 여타 공공재의 제공도 가능할 것이기 때문이라고 봅니다. 미국은 결코 세계 패권 질서를 포기하지 않았습니다. 오히려 그것을 더욱 공고히 하고 있을 따름이라고 생각합니다.

미국의 1+3 전략과 한국의 1+3+5 전략의 한계

1+3 전략은 트럼프 개인의 전략으로 해석할 수 없습니다. 이는 미국이 전통적으로 채택해 온 패권 유지 전략의 기본 공식입니다. 국제정치학자인 존 미어샤이머는 강대국이 도전국을 견제하기 위해 주변 국가와 전략적 동맹을 맺는다고 설명하며, 이러한 구조를 '공격적 현실주의'로 정의하였습니다. 또한 조지프 나이는 하드파워와 소프트파워를 결합한 '스마트 파워' 개념을 통해, 패권국이 강압과 설득을 동시에 활용한다고 주장합니다. 트럼프의 1+3 전략은 이러한 이론을 현실 정치에서 구현한 사례입니다. 제2차 세계대전 이후 미국은 독일과 일본을 부흥시켜 소련을 견제했고, 일본의 경제 팽창을 견제하기 위해 한국과 대만을 활용하였습니다. 이처럼 1+3 전략은 반복되어 온 미국 외교의 알고리즘이며, 트럼프는 이를 보다 노골적이고 거칠게 운용하고 있을 뿐입니다. 요컨대, 트럼프의 전략은 전후 미국이 일관성 있

게 견지해 온 것과 같은 방식입니다. 미국의 1+3 전략은 2군 국가에 대한 디커플링(decoupling)으로, 완전한 단절과 격멸이 아닙니다. 디리스킹(derisking)으로 미국 패권에 도전할 위험을 제거하는 선에서 공존하고 공생하겠다는 것입니다. 미국이 1+3 전략으로 소련을 협공하였지만 소련이 붕괴된 것은 미국의 공세 때문이라기보다는 공산주의 자체의 모순 때문이었습니다. 미국은 일본의 경제적 도전을 뿌리치기 위해서 플라자 합의 등 매우 강력한 공세적 조치를 취했지만 일본의 패권 도전 역량이 상실되는 선에서 우호관계를 회복하였습니다. 현재 미국이 일본을 한국보다 더 중요한 우방으로 대우하고 있다는 증거는 일본에게만 사용후핵연료 재처리를 허용하는 등 많이 있습니다. 미국의 일본에 대한 근공과 한국에 대한 원교는 이미 끝난 지 오래입니다. 아마도 미국이 중국을 포위·압박하는 1+3 전략도 중국의 패권 도전 역량을 꺾는 선을 크게 넘지 않게 될 것으로 사료됩니다. 그렇게 되면 중국은 무역 규모나 기술 수준 등 모든 면에서 미국에게 한국보다 훨씬 더 중요한 우방으로 대우받게 될 것입니다. 이것이 미국 1+3 전략하의 한국 1+3+5 전략의 한계입니다. 미국의 패권 전략과 한국의 필승 전략이 시작은 톱니바퀴처럼 맞물려 돌아가겠지만 2군 국가가 패권 도전 역량을 상실하는 순간부터 더 이상 1군 미국이 2군 국가와 3군 한국의 갈등 상황에서 우리 편이 되어 주기를 기대할 수 없을 것이기 때문입니다. 그래서 한미러의 합종을 통해 한중일의 연횡을 되살려야 합니다. 이것이 대한민국의 백년대계가 한미러의 합종으로 시작하여 한미러의 합종과 한중일의 연횡이 원심력과 구심력처럼 팽팽한 균형을 오래오래 유지할 수 있는 천하사각지계로 완성되어야 하는 이유입니다.

트럼프의 방정식: 단 하나의 변수

트럼프의 전략은 본질적으로 1차방정식입니다. 변수는 단 하나입니다. 나머지는 전부 상수로 간주합니다. 패권 질서에 관한 유일한 변수는 중국이고 국제경제에 관한 유일한 변수는 무역수지 단 하나입니다.

트럼프는 장사꾼의 직관으로 국제관계를 바라봅니다. 무역적자가 나는 나라에는 방위비를 인상하든 상계관세를 부과하든 적자를 흑자로 바꾸기만 하면 됩니다. 그가 외치는 "미국 우선주의(America First)"는 적자사업은 손절하고 흑자사업만 남기는 오직 덧셈과 뺄셈으로 보는 경제적 패권 전략입니다.

이 단순함이 힘이 됩니다. 왜냐하면 국민들에게 손해와 이익이 명쾌하게 전달되기 때문입니다. 미국 국민들의 '왜 우리가 세계의 경찰이어야 하는가'라는 질문에 트럼프는 '우리에게 실익이 없으면 손을 떼야 한다'고 답했습니다. 그러나 분쟁을 종식시키는 과정을 보면 중국을 포위하는 1+3 전략에 도움이 될 것으로 기대되는 쪽에 더 우호적인 태도를 견지하고 있습니다.

이런 전략은 미국이 패권국으로서 공공재 제공 의무를 방기함으로서 세계가 킨들버거의 함정에 빠져들게 하는 것처럼 보입니다. 다시 한번 강조하지만 미국은 국제사회에 공공재 제공 이전에 우선 패권 질서부터 확립하고 보자는 생각으로 보입니다. 러우 전쟁 종전 협상에서 러시아에 우호적인 것이나 자유세계의 전통적 우방국가들에게 엄청난 상계관세를 부과하는 것 등 모두 패권 유지를 위한 1+3 전략의 성공적 수행을 위한 포석이고 또 재원 확보를 위한 것이라고 볼 수 있습니다.

트럼프의 관세정책: 성공할 수 있을까?

관세란 국내 유치산업을 보호·육성하기 위한 가장 효과적인 정책 수단입니다. 수입 상품에 관세를 부과하면 가격이 높아져서 국산 상품이 가격경쟁력을 갖게 됩니다. 근대적인 보호관세 제도는 18세기 영국의 직물 산업과 해운업을 보호하기 위한 월폴(Robert Walpole)의 관세 개혁으로부터 시작됩니다. 그런 측면에서 관세는 영국의 발명품이라고 해도 과언이 아닙니다. 미국도 1861년 평균 48퍼센트에 달하는 모릴 관세(Morrill Tariff)로 미국 직물 산업을 보호·육성하기 시작했는데 이것이 남북전쟁(The Civil War)의 도화선이 되었고 관세 부과에 찬성한 북부의 승리는 산업기술 대국 미국의 기초가 되었습니다. 그 후 독일, 일본, 한국, 대만, 중국 등 성공한 모든 후발 산업국은 예외없이 관세를 통해 국내 유치산업을 보호·육성하였습니다.

수입관세가 사회적 정당성을 인정받을 수 있었던 것은, 통상 관세 부과로 소비자가격이 비싸지는 수입 공산품은 서민 대중의 생활필수품이 아니라 부유층의 사치품이었기 때문입니다. 또 부유층이 값비싼 수입 사치품 대신 값싼 국산 대체품을 소비하게 되면 국내 산업이 발전하고 고용이 증가되는 등 국가경제에 큰 도움이 되었기 때문입니다. 그리하여 자본과 기술이 축적되면 국내 산업이 국제경쟁력을 확보하여 국내시장을 넘어 수출 시장으로 나가게 되는 것입니다. 그런데 현재 트럼프 2기 행정부는 사치품이 아니라 자동차, 세탁기 등 대중 소비자 제품부터 월마트 같은 할인매장의 저소득층 대상 생필품들에 이르기까지 무차별 관세를 부과하기 시작하였습니다. 미국에서 소비되는 상품은 모두 미국에서 생산하여 국내 고용을 증가시키겠다는 것입니다.

인당 소득 13,000달러의 중국, 4,500달러의 베트남, 2,500달러에 불과한 인도에서 생산하던 물건을 인당 소득 82,000달러인 미국에서 생산해서 국제경쟁력을 갖추는 것은 사실상 불가능한 일입니다. 후발 산업국이 관세로 수입을 막으면 후발국의 약점인 기술과 자본이 축적되어 국제경쟁력을 획득할 수 있지만, 미국은 관세로 수입을 막아도 미국의 약점인 높은 임금은 낮출 수 없어 국제경쟁력을 획득할 수 없습니다.

그렇다면 트럼프의 무차별 관세 폭탄은 서민 대중 소비자의 희생을 담보로 한 정치적 쇼(show)에 지나지 않는 것일까요? 트럼프의 전략은 무조건 실패할 수밖에 없는 것일까요?

놀랍게도 그 대답은 꼭 그런 것은 '아닙니다(No!)'입니다. 만약 트럼프가 미국이 소비하는 모든 상품을 미국에서 생산하도록 강요하고, 여기서 확보한 재원을 투입하여 베트남이나 인도 노동자보다 더 싼 가격에 더 좋은 상품을 생산할 수 있는 인공지능 휴머노이드 로봇 상용화에 성공하게 된다면, 미국은 인류 역사상 최초로 알파부터 오메가까지 모든 것을 다 가진 극초강대국(極超强大國: hyperpower)으로 거듭날 수도 있을 것이기 때문입니다. 이러한 사실이 현재 우리에게 과연 무엇을 시사하는지 명

심하여야 할 것입니다.

트럼프의 1차방정식 vs. 바이든의 고차방정식

트럼프의 전략을 보다 입체적으로 이해하려면, 그와 바이든이 어떻게 다른 방식으로 같은 목표에 접근했는지를 짚고 넘어갈 필요가 있습니다. 두 정부 모두 '중국의 부상 견제'라는 공통된 전략 목표를 가지고 있었지만, 이를 설계하고 실행하는 방식은 극명하게 달랐습니다.

바이든은 국제질서를 복원하려는 접근을 택했습니다. 바이든의 전략은 '고차방정식'입니다. 해법은 변수를 하나하나 줄여가는 것입니다. NATO와 Quad, AUKUS, Chip 4 등 다자간 협의체를 동원해 미국 중심의 연합 전선을 재구성하고, 기술 패권을 중심으로 중국을 압박했습니다. 전략의 방향은 분명했고, 명분도 뚜렷했습니다. 그러나 다양한 이해관계자들의 협조를 필요로 하다 보니 전략 실행의 속도는 느릴 수밖에 없었고, 현실 정치의 복잡성에 취약한 구조를 안고 있었습니다.

반면 트럼프의 전략은 중국이라는 단일 목표를 중심에 두고, 그 외의 요소들을 대부분 무시하는 '1차방정식'입니다. 핵심 변수 하나만 남기고 나머지는 걷어 낸 셈입니다. 그는 앞으로의 필요에 따라 러시아와 협력하고, 중국 포위에 전략적 효용이 떨어진다고 판단되는 EU와는 거리를 두었습니다. 가치나 명분보다는 실익과 효율을 우선한 것입니다. 트럼프의 전략은 거칠지만, 단순한 만큼 방향이 선명하고 실행이 빠릅니다. '무엇을 위해 누구와 손을 잡을 것인가'라는 질문에 대해, 그는 항상 '중국을 견제하는 데 도움이 될 수 있는가'를 기준으로 판단하고 있습니다.

이처럼 두 정부는 같은 중국 견제를 놓고도 전혀 다른 방정식을 들고 나왔습니다. 바이든은 고차방정식을 선택했고, 트럼프는 1차방정식으로 응수했습니다.

미국의 대중국 전략:
석유로 압박하고, 첨단기술로 조율한다

미국의 대중국 전략은 두 축으로 이루어집니다. 하나는 석유·가스 봉쇄, 또 하나는 첨단기술 봉쇄입니다.

2025년 2월 미국과 러시아는 사우디아라비아에서 러우 전쟁 종전을 위한 협상에 들어갔습니다. 우크라이나도 EU도 초대되지 않은 이 회담에서 북극 에너지 공동 개발도 의제에 올랐다고 합니다. 이 회담이 사우디아라비아에서 빈 살만의 중재하에 진행되고 있는 것은 결코 우연이 아닙니다. 미국, 러시아와 함께 세계 3대 석유 생산국인 사우디아라비아를 러우 전쟁 종전의 중재자로 선택한 것은 전후 미국의 대중국 석유 봉쇄를 염두에 두고 있음을 시사하는 것입니다.

해당 회담에서 러시아직접투자펀드(RDIF)의 대표는 북극 에너지 프로젝트가 중국의 부상에 대응하기 위한 새로운 국제 자본 협력의 출발점이 될 수 있음을 시사했습니다. 또한 트럼프는 장기적 북극 전략의 일환으로 북서항로상에 위치한 그린란드를 미국에 편입시키려는 의지를 공개적으로 표명하기도 했으며, 심지어 군사력을 사용할 수도 있다는 암시를 하여 전 세계를 놀라게 한 바 있습니다. 이 또한 중국이 그린란드 진출에 공을 들이고 있었다는 사실과 무관치 않습니다.

트럼프의 전략은 중동에서도 나타납니다. 예멘 폭격, 이란에 대한 초강경 압박은 단순한 군사 개입이 아닙니다. 이는 사우디아라비아와 적대관계에 있는 세력을 철저히 응징함으로써 러우 전쟁 이후 미국이 대중국 석유 봉쇄에 나설 경우 사우디아라비아의 이탈을 막기 위한 기초 작업으로 보입니다. 동시에 노드스트림2 파이프라인의 재건 논의는, 추후 러시아가 중국에 석유를 수출하지 못하도록 하기 위해 러시아 석유가 유럽으로 흘러가게 함으로서 러시아 경제의 숨통을 트게 하려는 의도입니다.

트럼프는 러시아를 단순한 적국으로 간주하지 않았습니다. 그는 전략적 실익이 있다면 언제든 협력할 수 있다는 유연한 외교 노선을 견지한 인물입니다. 실제로 2020년 G7 정상회담을 앞두고 그는 러시아를 회담에 재초청하자고 주장하며, "중국을 견제하기 위해서는 러시아와의 전략적 조율이 필요하다"고 발언한 바 있습니다. 이는 트럼프의 고립주의가 단절이 아니라 선택과 집중의 전략적 실용주의임을 보여줍니다. 또한 그의 임기 중에는 노드스트림2 제재를 일시 유예하며 에너지 협력의 여지를 남긴 적도 있었습니다. 이러한 움직임은 트럼프가 러시아를 '잠재적 적의 잠재적 적'이자, 상황에 따라 언제든 활용이 가능한 카드로 간주하고 있음을 보여 주는 사례입니다.

EU는 미국의 우방보다 경쟁자

트럼프는 EU를 러우 전쟁 이후 미국의 패권 질서 확립에 전략적 가치가 낮은 파트너로 간주합니다. 이것은 구조적·지정학적 현실에 기반한 냉정한 전략적 평가이며, 고도의 계산 끝에 나온 결과인 것입니다.

첫째, EU는 중국 시장에 깊이 얽혀 있는 구조를 가지고 있습니다. 독일의 자동차 산업, 프랑스의 화장품 산업, 이탈리아의 패션 산업 등 유럽의 핵심 수출 산업들은 중국이라는 소비시장에 상당 부분 의존하고 있으며, 특히 메르켈 시절 독일은 '중국과의 경제적 협력'을 성장 전략의 핵심 축으로 삼아 왔습니다. 이는 미국의 대중국 고립 전략과 정면으로 충돌합니다. 트럼프는 이러한 경제구조적 현실을 인식하고, EU가 중국 봉쇄 전선에 적극 협조하기 어렵다는 점에서 전략적 신뢰를 거두고 있는 것으로 보입니다.

둘째, 트럼프는 NATO를 비롯한 안보 동맹에 미국이 과도한 비용을 부담하고 있다고 생각했습니다. 그는 유럽 국가들이 안보의 '무임승차자(free rider)'라고 공공연히 비판하며, 미국의 군사력이 EU에 안보 우산을 제공하고 있음에도 불구하고 방위비 분담이 지나치게 적다는 점을 문제 삼았습니다. 2018년 브뤼셀 NATO 정상회의에서 트럼프는 독일을 직접 지목하며 GDP 대비 2퍼센트 목표를 충족하지 않는 것을 강하게 비난한 바 있습니다. 그는 안보는 거래이며, 비용을 나누지 않으면 동맹도 의미가 없다는 실리 중심의 접근을 취했습니다.

그 결과, 트럼프는 기존 G7 체제의 실효성에 의문을 품고, 보다 실용적이고 실익 중심의 외교 구도로 개편할 필요성을 느

졌을 것이라고 추측할 수 있습니다. G7 대신 한국, 인도, 러시아 등을 포함하는 G10 구상을 제시한 것도 이러한 맥락에서 나온 것입니다. 트럼프식 세계 전략은 전통적 가치나 역사적 유산보다, 현재의 경제적 이익과 미래 전략적 효용을 중심으로 일사불란하게 추진되고 있습니다. 그는 실익이 없는 동맹보다, 손익이 명확한 거래를 선호하는 '1차방정식적 세계관'으로 국제관계를 재편하고 있습니다.

트럼프가 선택할 3군 국가는?

트럼프의 1+3 전략에서 우리가 눈여겨보아야 할 것은 3군 국가가 미국 패권에 편승하는 혜택을 확보할 수 있다는 점입니다. 만약 한국이 또 한번 미국의 1+3 전략의 파트너로 동참할 수 있다면 우리는 경제, 산업, 기술, 안보 등 앞서 언급한 '대한민국이 직면한 5대 위기'를 가장 슬기롭게 극복할 수 있을 뿐만 아니라 지정학적으로나 지경학적으로나 미국에게 가장 이상적인 3군 국가로 자리매김할 수 있습니다.

미국의 1+3 전략에서 3군 국가는 전통적 '동맹'이라기보다 당장 전략적으로 효용이 높은 파트너로 선발되는 구조입니다. 트럼프의 전략은 철저히 실용주의에 기반을 두고 있으며, 가장 비용효과가 높은 파트너를 선택하는 방식입니다. 일본은 이미 미국 전략의 일부로 깊숙이 편입되어 있어 더 이상 전략적 변수가 되기 어렵습니다. 아세안 국가들과 인도는 비동맹 외교 노선을 유지하고 있어 미국의 대중국 전략에 동참하기에는 제한이 큽니다. 반면 한국은 미국과 기술적으로 상호 보완적이며, 자원·시장 등의 측면에서도 일부 경쟁은 있어도 대립관계로 갈 정도는 아닙니다. 무엇보다도 북극항로와 연결되는 한반도의 부울경 지역은 지정학적 요충지이자 전략적 거점항구 개발의 최적지가 될 수 있어 미국 입장에서 중국에게 북극항로의 거점항구를 빼앗기지 않을 수 있는 유일한 대안입니다. 게다가 한국은 미국의 혈맹으로서 주한미군이 이미 주둔하고 있어 산업, 기술, 물류 등 기본적인 인프라가 이미 갖추어져 있다는 사실이 한국이 '가장 유리한 3군 국가 파트너'로 포지셔닝할 수 있는 근거입니다.

무엇보다도 한국은 미국과 경제, 기술, 안보 등 모든 측면에서 보완적인 관계에 있으며, 경쟁할 수도 없고 경쟁하지도 않습니다. 동시에 러시아와 육로로 연결된 한반도는 중국의 동해 진출을 원천봉쇄하고 있어 한미러의 경제적·안보적 이해관계가 일치하는 한반도 남단 부울경 지역의 북극항로 거점항구 유치는 한미러의 합종의 상징이자 미국의 1+3 전략 완성을 위한 기반이 될 것입니다. 그러나 우리가 부울경 거점항구 유치를 위한 준비에 만전을 기하지 않고 청년이 떠나버린 부산, 레거시 산업의 울산 등을 이대로 방치하여 한국이 3군 경쟁에서 밀려나게 되면, 패권국 미국은 자신의 3군 국가 파트너 역할을 오롯이 일본에게 모두 넘겨줄 수밖에 없을지도 모릅니다.

저차 방정식의 해는 대한민국이다

트럼프는 복잡한 방정식을 싫어합니다. 그는 미국의 패권 전략도 세계 각국과의 국제관계도 모두 1차방정식으로 정리하려 합니다. 이 패권 방정식에는 중국이라는 단 하나의 변수만 있고, 나머지는 모두 상수로 간주됩니다. 국제관계 방정식에서는 무역수지라는 단 하나의 변수만 있고 나머지는 모두 상수로 간주됩니다.

문명사적 관점에서 미국 패권을 읽고 트럼프의 전략을 이해하면 한미러 합종 전략은 이상이 아닌 현실이자 엄청난 행운입니다. 그것은 트럼프의 패권 전략과 맞물려 돌아가는 톱니바퀴이기 때문입니다. 그러나 세상에 저절로 이루어지는 가치 있는 일은 절대로 없습니다. 이제 우리가 나서서 준비해야 합니다. 강대국의 패권 전략이 우리에게 제공할 모든 가능성과 또 3군 동반자로서 피할 수 없는 명백한 한계를 전제로 우리의 미래를 능동적으로 풀어 나가야만 합니다.

러시아, 동쪽으로 향하다:

동진 전략과
한미러 합종의 필연성

동방경제포럼(Eastern Economic Forum)에서 연설하는 블라디미르 푸틴 러시아 대통령,
러시아 대통령궁 제공.

유럽과의 단절 이후, 러시아는 북극항로와 극동 개발을 축으로 하는 '동진(東進) 전략'에 국가의 미래를 걸고 있다.

“북극항로의 개척과 극동 개발, 에너지 인프라 확장,
유라시아 물류망 구성 등에서 양국의 이해는
정확히 맞물리고 있습니다.”

러우 전쟁 종전 이후에도 러시아는 유럽과의 협력관계를 상당 기간 복원하기 어렵게 되었습니다. 동유럽에서부터 북유럽에 이르는 NATO의 확장은 러시아 안보에 점점 더 큰 위협이 되고 있습니다. 마침 기후변화로 북극항로가 열리고 있다는 사실은 러시아가 새로운 활로를 동쪽에서 찾아야 한다는 점을 명확히 해줍니다. 즉, 러시아의 동진은 단순한 동방 시장 개척이 아닙니다. 그것은 유럽 국가 러시아가 이제 북극항로를 축으로 한 동아시아 국가로 거듭나게 되는 역사적 사건이자 동아시아 패권 질서의 재편을 의미하는 것입니다. 기존의 유럽 중심 무역망과 금융질서에 복귀하기 어렵게 된 러시아는, 북극항로와 시베리아 횡단 철도, 극동 자원 수출망을 기반으로 동아시아에서 새로운 패권 질서의 한 축을 담당하려 합니다. 이처럼 러시아의 동진은 일시적 현안 타개가 아니라, 향후 수십 년을 넘어 반영구적인 체제 전환이 될 것입니다. 게다가 이러한 러시아의 동진 전략은 미국의 1+3 전략 및 한국의 1+3+5 전략과 맞물리는 퍼즐 조각입니다.

그렇다면 러시아가 동아시아에서 연대할 최선의 파트너는 과연 어느 나라가 될까요? 일본과 중국 모두 러시아가 전략적 장기 파트너로 삼기에는 명백한 구조적 한계를 안고 있습니다.

러시아가 일본을 선호하지 않는 이유

먼저 일본은 지정학적으로는 미일 안보조약하에 태평양 방위선의 중심축 역할을 담당하고 있습니다. 오키나와, 요코스카, 미사와를 중심으로 일본 전역에 두루 포진한 주일미군 5만 5천여 명이 군대가 없는 나라 일본이 독자적인 외교·안보 노선을 선택하기 어렵게 만드는 것 또한 사실입니다. 일본과 러시아의 관계는 러일 전쟁 이래 역사적으로 적대적이었습니다. 지금도 쿠릴열도상 일본이 북방 영토라고 부르는 에토로후, 쿠나시르, 시코탄, 하보마이 4개 섬을 두고 러일 간에 영토분쟁이 진행 중입니다.

일본 우익은 세계대전 이전에 일본 지배하에 있던 사할린섬 남반부에 대한 미련을 버리지 못하고 있습니다. 더구나 일본에서 메이지 유신의 아버지라고 추앙받고 있는 요시다 쇼인의 저서 『유수록』에 의하면 오호츠크해 캄차카반도 일대까지 일본의 지배 또는 영향력하에 두어야 한다고 주장하고 있습니다. 이러한 사실을 모를 리 없는 러시아가 일본을 동맹 혹은 전략적 동반자 관계로 받아들이기는 쉽지 않을 것입니다.

지경학적으로 한국과 유사하게 자원과 에너지를 수입하고 상품을 수출하는 산업구조를 가지고 있는 일본은 석유, 가스, 곡물 수출에 경제를 의존하고 있는 러시아와 경제적 보완관계에 있습니다. 그러나 태평양 전쟁을 통해 자원 안보의 중요성을 절감한 일본은 전후 자원 수입처의 다변화에 성공한 국가로, 한국만큼 러시아 자원에 크게 의존할 정도는 아닙니다. 이처럼 일본은 러시아가 전략적으로 가장 선호하는 파트너는 아니지만 한국이 북극항로와 러시아 자원을 선점하지 않는다면 상호간의 경제적 필요에 따라 러일 간의 자원 협력이 대규모로 성사될 수 있습니다. 또 탐사·개발·생산에 장구한 세월이 소요되는 자원개발 사업의 특성상 1,310만 제곱킬로미터에 달하는 광활한 시베리아 대륙의 풍부한 자원을 일본에게 빼앗기고 말 수 있습니다.

러시아가 중국을 선호하지 않는 이유

중국의 경우, 현재 러우 전쟁을 계기로 러시아와의 경제협력 규모가 최고로 확대되고 있습니다. 지정학적으로 양국은 4,200킬로미터의 국경을 공유하고 있으며, 역사적으로 우수리강, 헤이룽강, 신장 웨이우얼 자치구 등에서 실제 전투가 벌어진 적이 있으며 한때 양국은 최악의 사태에 대비해 핵무기 사용을 준비하기에 이르렀습니다. 중국은 1860년 베이징 조약으로 연해주를 러시아에 할양한 탓에 동북3성에서 바다로 나갈 항구가 없어 경제적으로 심각한 피해를 입고 있습니다. 이에 러시아나 북한의 항구를 빌어 차항출해를 꿈꾸고는 있지만 안보 차원에서 여의치 않자 중국 일각에서는 청나라 시기에 불평등 조약으로 빼앗긴 연해주를 되찾자는 여론이 일어나고 있습니다. 이를 모를 리 없는 러시아가 중국을 동맹 혹은 전략적 동반자로 신뢰하기는 어려울 것입니다. 게다가 중국의 인구는 14억으로 러시아 인구 1.4억의 10배나 되는데 국토는 러시아가 1,700만 제곱킬로미터인 반면 중국은 960만 제곱킬로미터밖에 되지 않기 때문에 러시아는 중국과의 영토분쟁에 매우 민감할 수밖에 없습니다. 심지어 양국의 일각에서는 러시아와 중국 간의 관계가 미래 언젠가는 주적 관계로 악화되고 말지도 모른다는 우려가 있을 정도입니다.

지경학적으로 중국과 러시아는 분명 '보완' 관계에 있습니다. 러시아의 석유, 가스, 곡물과 중국의 제조업 상품은 양국 간의 경제협력 가능성이 엄청나게 크다는 사실을 알려 줍니다. 하지만 중국은 단순히 러시아로부터 석유, 가스, 곡물을 구매하기보다는 공급처 다변화와 통제 전략을 통해 자원 안정성을 확보하려 합니다. 중국은 중동, 아프리카, 중앙아시아에 걸친 자원 루트를 통해 러시아 의존도를 줄이고 있으며, 일대일로(BRI) 전략을 통해 시베리아를 우회하는 육상 물류망을 구축 중입니다. 특히 중국-파키스탄 경제회랑(CPEC)과 중국-미얀마 루트는 러시아의 북방 자원 루트와 정면으로 충돌할 수 있는 구조입니다.

또한 러시아의 시베리아 횡단 철도와 북극항로를 연결하는 물류망 구축 시도는, 중국의 해상 실크로드 전략과 공간적으로 중첩됩니다. 이 과정에서 두 나라는 협력보다는 물류 패권을 둘러싼 이해에서 충돌할 가능성이 크며, 특히 북극항로 개척을 위한 양국 간의 제한적 협력과 주도권 확보를 위한 치열한 암묵적 경쟁이 적과의 동침을 방불케 하고 있습니다. 중국은 북극이사회 옵서버 국가로서 북극항로에 상업적 항행을 시작하여 선점효과로 영향력을 키우려 노리고 있고, 러시아는 이를 시베리아 목재 벌채 등에 이용도 하지만 동시에 경계하며 북극항로 전체를 '내해화'하려는 전략을 강화하고 있습니다. 북한과 러시아를 연결하는 높이가 7~9미터로 알려진 두만강 철교는 현재 구조상 대형 선박이 통과할 수 없으며, 이는 결과적으로 중국의 선박이 두만강을 통해 동해로 진출하는 것을 물리적으로 차단하는 역할을 하고 있습니다. 중국은 소련 시절부터 줄기차게 중국 선박의 동해 진출 가능성을 북한과 러시아에 타진해 온 것으로 알려져 있으며, 지난해 양국 간 정상회담에서 '양국이 중국 선박의 두만강 하류를 통한 바다로의 항해 문제에 대해 북한과 건설적 대화를 해나가자'고 합의해 러중 수교 75주년 기념 정상 공동성명에 명기하였습니다. 그러나 이것은 러우 전쟁으로 중국의 도움이 절실한 러시아가 중국의 강력한 요구에 마지못해 넣은 문구로 보입니다. 왜냐하면 전후 북극항로를 따라 동진에 국가의 미래를 걸다시피 하고 있는 러시아가 중국이 북극항로를 언제든 차단할 수 있는 위치에 중국 군함의 동해 진출을 허용할 만큼 어리석지는 않기 때문입니다. 그 후 러시아는 북한과 연결하는 자동차 전용 두만강 신교 건설에 합의하고 곧 착공식을 볼 수 있기를 기대한다고 발표했지만 두만강 철교 철거에 관한 논의는 알려진 바 없습니다.

러시아가 한국을 선호하는 이유

결국, 일본과 중국은 경제적으로는 러시아와 보완관계에 있지만 안보 측면에서는 적대적 관계로 갈 수밖에 없는 태생적 한계를 안고 있어, 러일 관계, 러중 관계는 제한적 협력 이상의 전략적 동반자 관계로 발전하기는 어렵습니다. 이런 상황에서 러시아는 안보 측면에서 위협이 되지 않는 파트너를 필요로 하며, 그 최적의 조건을 갖춘 협력 상대가 바로 대한민국입니다. 다시 말해, 러시아 입장에서 일본과 중국은 각각 경제적 '종속'과 안보적 '위협'이라는 양 극단의 구조적 제약을 안고 있습니다. 그러나 대한민국은 러시아와 어떤 역사적 앙금도 없고 국경분쟁도 없습니다. 게다가 남북한 인구를 다 합쳐도 러시아 인구의 절반밖에 되지 않습니다. 이것은 어떤 경우에도 대한민국이 러시아 안보에 위협이 되지 않을 것임을 보여 주는 객관적인 사실이기도 합니다. 한국은 러시아 안보에 위협이 되지 않으면서도 첨단기술과 산업 역량, 자유시장 시스템을 바탕으로 한 소비재 분야 등 러시아가 필요로 하는 분야에서 실질적 파트너십을 제공할 수 있는 유일한 국가입니다.

한국은 러시아와의 협력에서 매우 높은 상호 보완성을 가집니다. 한국은 에너지를 필요로 하고, 러시아는 에너지를 수출합니다. 한국은 물류 허브가 필요하고, 러시아는 자원의 새로운 출구가 필요합니다. 이처럼 상호 결핍을 채워 주는 관계는 다른 어느 국가와도 만들기 힘든 구조적 윈윈(win-win)입니다. 혹자는 서로의 필요에 따라 대등한 협력을 한다고 해도 한국이 강대국 러시아로부터 피해를 입게 되는 것은 아닌가 우려하기도 합니다. 그러나 그것은 기우입니다. 한국은 기술과 산업력을 갖춘 포식 경제이고, 러시아는 1차 산업 중심의 피식 경제로 변화했습니다. 그래서 한국이 결코 불리한 위치로 내몰리지는 않을 것입니다.

실제로 2010년대 초반 한국과 러시아는 '유라시아 이니셔티브'와 '9개 다리 협력 전략(9-Bridge Initiative)'을 통해 철도, 에너지, 수산업, 항만 등에서 제도적 협력을 모색한 바 있습니다. 비록 가시적인 성과는 없었지만 이 경험은 한러 간 상호보완성이 단순 구상에 그치지 않고, 실질적 협력으로 연결될 수 있는 가능성이 있음을 보여 준 것입니다. 더욱이 러시아는 과거 한국이 나로호 발사체를 만들 때 핵심 기술개발에 크게 기여했으며, 불곰사업을 통해 자국의 무기 체계를 한국에 공급한 것이 현재 한국이 방위산업 대국으로 성장하는 기반이 된 것으로 알려져 있습니다. 이는 단순한 거래를 넘어, 실질적 군사 및 과학기술 협력의 선례로 간주할 수 있으며, 러시아가 한국을 전략적 파트너로 인식하고 있음을 방증합니다. 심지어 최근 러우 전쟁 국면에서도 한국이 우크라이나에 살상 무기를 지원하지 않은 점을 푸틴이 외신 기자회견에서 긍정적으로 언급하며, 관계 개선 의지를 내비친 바 있습니다. 이는 러시아가 한국을 전략적 동반자로 인식하고 있음을 보여 주는 외교적 신호로 해석할 수 있습니다.

러시아는 이미 한국의 우방이었다?

러시아가 한국의 우방이 될 수 있는 이유를 보여 주는 명백한 증거가 하나 더 있습니다. 바로 독도 문제에 대한 입장입니다. 국제정치에서 영토분쟁은 전쟁의 99퍼센트를 유발하는 핵심 변수이자, 국가 간 우호와 적대의 경계를 가르는 기준이 되곤 합니다. 이런 맥락에서 러시아는 공개적으로 독도 문제와 관련해 한국의 입장을 일관성 있게 지지한 유일한 강대국입니다. 특히 이것은 독도 영유권이나 동해 표기에 있어서 일본의 입장에 동조하는 많은 구미 선진국들과는 명백히 구별되는 실질적 외교 메시지이며, 러시아가 한국을 단순한 주변국이 아닌 중요한 전략적 파트너로 인식하고 있음을 시사합니다. 또한, 러시아 국민들 사이에서 한국에 대한 정서적 호감도는 매우 높은 편입니다. 구미 백인 국가들의 외국에 대한 국민 호감도 조사를 보면 그들은 모두 한국보다 다른 백인 국가에 더 높은 호감을 갖고 있는 것으로 나타났습니다. 그러나 유독 러시아 국민만은 어떤 다른 백인 국가보다도 한국에 높은 호감을 갖고 있는 것으로 조사되었습니다. 그 상징 사례로는 고려인 출신의 전설적 팝 가수 빅토르 초이를 들 수 있습니다. 그는 러시아 젊은 세대의 우상으로 자리 잡았으며, 이는 한국이라는 나라가 러시아에서 문화적·감성적 차원에서도 깊은 공감대를 가질 수 있음을 의미하는 것입니다. 이처럼 러시아는 정부 차원의 입장뿐 아니라 국민 정서에서도 한국을 우호적이고 특별한 존재로 인식하고 있습니다. 이러한 문화적 호감과 감성적 연결성은 단순한 이미지 이상의 전략적 자산이 됩니다. 러시아 국민 사이에 형성된 한국에 대한 긍정적 정서는, 정부 차원의 실용 외교 전략에도 우호적 여건을 제공하며, 협력의 정치적 정당성과 사회적 수용성을 높이는 중요한 기반으로 작용합니다. 다시 말해, 정서적 동맹은 실리적 연대의 심리적 토대를 이루고 있는 것입니다.

따라서, 한국과 러시아는 단순한 외교적 우호를 넘어서, 국가 간 산업적, 과학기술적, 지정학적으로 전략적 공진화를 할 수 있는 대체 불가능한 최적의 조합입니다. 특히 북극항로의 개척과 극동 개발, 에너지 인프라 확장, 유라시아 물류망 구성 등에서 양국의 이해는 정확히 맞물리고 있습니다.

북러 밀착은 한국에 대한 위협이 아니다

한국, 정확히는 한반도에 대한 러시아의 입장은 북한과의 관계를 통해서도 짐작해 볼 수 있습니다. 러시아와 북한이 전략적 동반자 관계를 맺은 2024년의 협정은 단순한 우호관계 선언이 아닙니다. 그 실질적 성격은 북극항로를 사수하기 위한 전략적 방어선을 구축하려는 러시아와 중국에 일방적으로 종속될 것을 우려하는 북한의 이해관계가 일치한 결과입니다. 러시아는 유럽과의 갈등이 심화되는 상황에서 동진 전략을 본격화하고 있으며, 북극항로를 러우 전쟁 이후 경제적 재기를 위한 희망으로 간주하고 있습니다. 이러한 상황에서 북한 동해안에 선봉, 나진, 청진, 김책, 단천, 흥남, 원산으로 이어지는 항구들 중 몇 곳에 이미 중국 자본이 진출하여 사용권을 확보하였다는 미확인 보도들이 있었습니다. 이들 항구들은 앞으로 북극항로의 중간 기착지 또는 전진 기지로서 결정적인 가치를 가지게 될 것입니다.

만약 이러한 지역이 중국의 군항 조차지로 전환될 경우, 러시아는 다른 강대국 중국에게 핵심 이해관계가 위협받게 되는 구조적 위기에 직면하게 됩니다. 중국이 북한의 항만을 군사적으로 활용하거나, 해상 물류 네트워크에 직접 개입할 경우, 러시아의 동진 전략은 언제든 중국의 의도에 따라 위협받을 가능성이 높기 때문입니다. 실제로 중국은 최근 북한의 동해안 항구, 특히 청진과 원산 지역의 항만을 임대하여 동해로 진출하려는 시도를 보인다고 회자되고 있습니다. 이는 바로 중국의 '차항출해(借港出海)' 전략, 즉 자국 항구가 아닌 타국의 항구를 빌려 바다로 나가려는 지정학적 해양 진출 전략의 전형적인 사례입니다.

그러나 이러한 차항출해 시도가 러시아 입장에서는 우려할 만한 위협으로 받아들여질 수밖에 없습니다. 러시아는 북극항로의 실질적 지배권과 동진 전략의 안전성을 확보하기 위해, 중국이 북한 항구를 통해 동해에 군사적 영향력을 투사하는 것을 미연에 방지해야만 합니다. 이와 같은 맥락에서 러시아가 북한과 전략적 동반자 협정을 체결한 것은 단순한 대미 견제 목적보다는 중국의 차항출해를 봉쇄하려는 지정학적 방어 조치라는 해석이 가능합니다. 러시아 입장에서는 중국이 북한 항구를 군사적으로 조차할 경우, 이는 곧 동진하는 러시아의 '목에 칼을 겨누는 것'과 같은 치명적 위협이나 다름없습니다. 이에 러시아는 사전에 이러한 시도를 차단함으로써 북한 연안을 따라 남하하는 항로의 안정성을 확보하기 위해 북한과 전략적 동반자 협정을 체결한 것으로 이해할 수 있습니다.

러시아와 북한이 협정을 체결하자, 중국은 즉각 거부 반응을 보였습니다. 통상적인 외교적 우려 표명 수준을 넘어서는 강도 높은 대응이 이어졌습니다. 김정은이 방중했을 때 남긴 발자국 조형물을 철거하고, 북한 노동자들의 비자 발급을 일괄적으로 만료시켜 전격 송환했으며, 북한 최고지도부에 전달된 고급 미수입 품목까지 압수하는 조치들이 잇따랐습니다. 이는 단순한 외교적 불만 표출을 넘어, 북한이 중국의 국가적 이익에 반하는 결정을 했다는 명확한 메시지로 해석됩니다. 그렇다면 중국이 추구하던 국가적 이익이란 과연 무엇일까요? 그것은 동해로 나가서 북극항로에 대한 실질적인 영향력을 보유하게 되는 차항출해입니다. 북한 입장에서 이것은 북한 영토에 대한 중국의 야욕으로 보일 수도 있는 심각한 위협일 것입니다. 북한 동해안에 위치한 항만은 조차만 하면 중국에게 있어 아편전쟁 당시 청나라가 연해주를 러시아에 할양함으로써 잃어버린 '바다로 나아가는 유일한 출구'가 될 것이기 때문입니다.

푸틴의 유라시아 전략과 한국

푸틴은 오래전부터 유라시아 경제연합(EAEU)을 중심으로 한 동방 경제권 구상을 지속해 왔습니다. 이는 러시아가 유럽 중심의 질서에서 탈피해 아시아로 축을 서서히 이동시키려는 전략적 구상입니다. 이것은 러시아 국토의 77퍼센트에 달하는 광활한 시베리아에 인구는 불과 3,700만밖에 안되기 때문입니다. 그런데 최근 지구온난화로 북극항로 개통 시기가 앞당겨졌고 또 러우 전쟁으로 EU와의 경제협력이 상당 기간 회복되기 어려울 것이기 때문에 러시아는 전후 북극항로를 통한 동진을 서두르지 않으면 안 될 형편입니다.

특히 북극항로 연계 거점항만이 한반도 남부에 생긴다면, 러시아는 시베리아 자원을 안정적으로 공급할 수 있는 해상 루트를 확보하게 됩니다. 이는 언제든 러시아 안보에 위협이 될 수 있는 강대국 중국과 일본을 견제하기에도 제격입니다. 그리고 푸틴의 전략과 정확히 맞아떨어지는 대목입니다. 이러한 전략적 방향은 "2025 극동개발계획"으로 대표되는 푸틴의 경제정책에서도 분명히 드러납니다. 러시아는 사할린, 하바롭스크, 블라디보스토크를 중심으로 대규모 인프라와 에너지 수출 기지를 구축하고 있으며, 이를 통해 동시베리아와 북극권 자원을 안정적으로 공급할 루트를 마련하고자 합니다. 이 과정에서 한국은 가장 신뢰할 수 있는 러시아의 산업 기술 파트너이자, 동북아 물류 허브로서 핵심적인 역할을 수행할 수 있습니다. 러시아의 극동 전략과 한국의 경제 지형이 정확히 맞물리고 있는 셈입니다.

미국에게 꼭 필요한 러시아

러시아는 현재 바이든 행정부 시절 시작된 러우 전쟁으로 인하여 미국과의 관계에서 심각한 긴장 상태에 놓여 있으나, 이를 영원한 적대관계로 간주하고 있지는 않습니다. 푸틴은 미국과의 직접적인 군사적·외교적 충돌을 피하면서도, 전략적 균형에 미국을 활용하려는 유연한 외교 노선을 견지하고 있습니다. 특히 트럼프의 대외 전략은 EU와의 거리 두기, 그리고 러시아에 대한 재포섭 시도라는 측면에서 주목할 만한 전환점을 제공합니다. 이는 중국을 석유·에너지로 포위하려는 미국의 패권 전략은 석유 자원을 가진 러시아의 협력 없이는 성공할 수 없는 것이기 때문입니다.

트럼프는 러시아를 견제의 대상으로 간주하기보다는, 중국 포위의 동반자로 끌어들이려는 전략을 취해 왔습니다. 실제로 최근 미국과 러시아가 사우디아라비아의 빈 살만 왕세자의 중재로 종전을 위한 회담을 추진하고 있다는 사실은, 미국이 러시아와 함께 3대 석유 생산국 중 하나인 사우디아라비아마저 대중국 석유 포위 전략에 우호적으로 처신하도록 다독이는 움직임으로 해석될 수 있습니다. 러시아는 이 과정에서 미국의 전략적 이해관계에 편승함으로써, 이를 외교적 지렛대로 삼아 자신의 전략 공간을 확보하려 합니다.

안보 측면에서 미국과 러시아 양국의 이해관계가 맞아떨어지는 가운데 한미러의 합종은 북극항로와 한반도 거점항구를 기반으로 양국에 경제적 실익을 제공함으로써 미러 관계를 강화·발전시키는 역할을 하게 될 것입니다. 예컨대 러시아 PNG 및 송전망이 한반도를 북에서 남으로 관통하여 일본까지 연결된다면 파괴된 노드스트림 등 EU 쪽에서 잃어버린 시장 이상의 에너지 시장 확보가 가능합니다. 또 한반도 남단의 북극항로 거점항구는 미국이 유라시아 대륙 전역으로 뻗어 나가는 경제적 전략의 교두보 역할을 하게 될 것이기 때문입니다.

러시아의 피할 수 없는 선택

현재 러시아는 미국과의 관계에서 긴장 상태에 놓여 있으나, 무력 충돌의 직접 당사자는 아닙니다. 미국이 중국 포위망을 완성하려면 러시아의 협력이 필수적이라는 사실은 러시아도 충분히 인식하고 있을 것입니다. 안보 측면에서 트럼프 정부의 '1+3 전략'은, 중국을 견제하기 위해 러시아를 다시 포섭하려는 전략적 시도였으며, 이는 러시아 입장에서도 간과할 수 없는 국제 질서의 흐름이라는 의미입니다. 러시아는 현재 미국과 직접적인 경제협력을 통해 가시적인 경제적 성과를 낼 수 있는 협력사업을 발굴해 내기는 쉽지 않습니다. 그러나 한국을 매개로 한러 간 또 한미 간의 수익성 높은 경제적 협력사업들을 발굴해 냄으로써 간접 연대를 통해 미국과 러시아가 가시적 경제적 실익을 확보해 나갈 수 있다는 사실은 한미러 합종의 효용성을 증빙하는 것입니다. 이러한 구조는 대한민국의 입장에서 미러 간 대립과 견제 상황에 수동적으로 적응하는 것보다는 지경학적 레버리지를 활용하여 한국의 외교적 위상을 능동적인 조정자로서 자리매김할 수 있는 현실적 기회로 작용할 수 있습니다. 다시 말해, 한미러 합종은 미국의 1+3 전략과 러시아의 동진 전략이 맞물리는 지정학적 결절점이며, 대한민국에게는 지경학적 실리와 주도권을 동시에 확보할 수 있는 절호의 기회입니다.

한미러 합종은 러시아에게 다음과 같은 외교적 레버리지를 제공합니다. 첫째, 동진정책의 근간인 북극항로에 대한 장악력을 높일 수 있습니다. 둘째, 미국과의 전략적 협력관계 강화를 위해 한국을 지렛대로 활용할 수 있습니다. 셋째, 중국에 대한 경계를 강화하면서도 실리를 추구할 수 있는 합리적 외교 경로로 작용합니다.

러시아 입장에서 한미러 합종은 단순한 선택지가 아니라, 지정학적 안보와 지경학적 실리를 모두 취할 수 있는 일거양득의 기회입니다. 결론적으로, 러시아는 전후 유럽에서의 탈출구를 동아시아에서 찾아야 하며, 그 동쪽에서 최선의 협력 파트너는 일본도 중국도 아닌 바로 우리 대한민국입니다. 한국이 러시아의 전략 파트너로 최선의 선택인 큰 이유는 한국이 '위협적이지 않으면서도 실익을 제공할 역량을 보유한 유일한 국가'이기 때문입니다. 인구나 영토, 군사력 등 어느 면에서도 러시아에게 위협이 될 수 없으면서도, 첨단기술과 산업 역량, 그리고 자유시장 시스템을 기반으로 한 선진 경제 시스템을 갖춘 국가는 세계적으로도 매우 드뭅니다. 일본과 중국은 역사적 갈등의 앙금뿐 아니라 러시아와 현재 심각한 영토분쟁 소지가 실존하고 있는 상황에서, 한미러의 합종이야말로 가장 이상적인 형태의 '합종 외교'가 될 수 있습니다. 지금 한국은 러시아와의 협력 파트너가 될 수 있는 자격을 두루 갖추고 있기 때문입니다. 러시아는 과거 유럽 국가에서 이제 동아시아 국가로 거듭나고 있습니다. 그렇기에 러시아의 동진, 미국의 중국 견제, 한국의 생존 전략이라는 세 개의 톱니는, 한미러 합종이라는 구조 안에서 정밀하게 맞물리는 것입니다.

중국과 일본:

영원한 경쟁자이자 불가피한 협력자

악수를 나누는 김대중 대통령, 고이즈미 일본 총리, 주룽지 중국 국무원 총리(2001년),
국가기록원 소장.

동북아 3국은 협력을 모색하면서도, 역사와 지정학적 이해관계 속에서
'영원한 경쟁자이자 불가피한 협력자'라는 복합적 관계를 이어 왔다.

"한중일의 연횡을 직접 추진할 수 없다면,
그것을 가능케 하는 간접적인 방법을 찾아야 합니다.
즉, 한미러의 합종을 통해
한중일의 연횡을 복원하는 방법밖에 없습니다."

한중일 세 나라는 서로 피할 수 없는 지정학적 이웃입니다. 역사적으로 수많은 갈등과 피비린내 나는 전쟁도 여러 차례 겪었고 역사 문제, 영토 문제 등 아직 해결되지 않은 분쟁의 소지가 남아 있습니다. 경제적으로도 세계 제조업의 중심축을 이루며 3국 간에 유사 산업 분야를 두고 치열하게 경쟁하고 있습니다. 그러나 다른 한편 한일·한중 간에 화합하여 선진 우호관계를 유지한 시기가 반목하고 충돌했던 시기보다 훨씬 길었다는 사실도 잊지 말아야 합니다. 왜냐하면 앞으로 한중일 3국이 동반 성장하며 평화와 번영으로 동북아를 인류문명의 새로운 중심으로 발전시킬 수 있기 때문입니다.

사실 1990년대 이후 한때 한중일 경제는 눈부신 동반성장을 이루어 냈습니다. 일본의 첨단 소재, 부품, 장비가 한국의 중간재 생산기술을 통하여 중국을 세계의 공장으로 자리매김하도록 하는 '베세토' 동북아 밸류체인이 한때 빛을 발하던 시절이 있었습니다. 이 협력체계는 EU나 미국 경제를 크게 능가할 수 있는 활력과 에너지를 보유한 꿈의 조합이었고 당장 실현 가능한 시나리오였습니다. 그러나 이 같은 한중일의 연횡이 지속되지 못했던 것이 참 안타까운 일입니다.

지금까지 한미러의 합종이 우리가 선택할 수 있는 최선의 전략이자 미국의 1+3 전략과 꼭 맞아떨어지는 한국의 1+3+5 전략이며, 현 국제 상황을 전제로 결코 실패할 수 없는 필승 전략이라고 단언한 바 있습니다. 그런데 한중일의 연횡을 다시 꺼내는 이유는 언젠가 한중일의 연횡으로 한미러의 합종을 대체하자는 뜻이 절대로 아닙니다. 한미러의 합종은 오래도록 유지·발전되어야 합니다. 한중일의 연횡을 여기서 언급하는 이유는 그것을 성공시킬 방법이 있을 뿐만 아니라, 한중일의 연횡이 한미러의 합종이 가지고 있는 구조적 한계를 극복할 수 있도록 보완하는 역할을 하게 될 것이기 때문입니다. 한미러의 합종과 한중일의 연횡이 상호보완적인 상호 견제와 균형을 통해 대한민국의 천하사각지계를 완성하는 전략은 한미러의 합종이 일본과 중국으로 하여금 한중일의 연횡에 적극 협력하도록 설득 또는 강요하는 결과를 가져올 것입니다.

한미러 합종에는 한계가 있다

한미러 합종은 강대국의 패권 전략인 미국의 1+3 전략을 기반으로 성립될 수 있습니다. 따라서 우리 대한민국 입장에서는 이 전략에 구조적인 한계가 존재합니다. 미국의 1+3 전략은 2군 국가, 예컨대 중국과 완전한 단절(decoupling)을 통해 중국을 몰락 또는 붕괴시키는 것이 아닙니다. 3군 국가를 동원하여 2군 국가를 포위·압박하되 그 정도는 미국 패권에 도전하지 못할 수준(derisking)까지이지 그 이상은 아닙니다. 왜냐하면 2군 국가가 미국에 도전할 수 없는 상태에 이르고 나면 미국에게 2군 국가의 전략적 가치가 3군 국가보다 더 커질 것이기 때문입니다. 이것은 미국이 플라자 합의 등을 통해 일본을 2군 국가로 주저앉혔지만 그 후 한미일 3국 동맹에서 협력하던 3군 한국보다 압박하던 2군 일본의 입장을 항상 우선 지지하는 것으로 봐도 분명한 사실입니다.

여기에 더해, 미국과 러시아의 관계 또한 중국의 위협 상황하에서의 제한적인 적과의 동침 그 이상은 아닐 것입니다. 미국과 러시아는 국내외적인 환경 변화와 시대 흐름에 따라 각국의 국익 차원에서 충돌하는 순간 한미러의 합종에서 이탈하려는 움직임을 보일 수 있습니다. 이것이 한미러 합종의 구조적 한계입니다.

그래서 한미러 합종은 불가피한 시작이지만 완전한 결말이 되기는 어렵습니다. 그렇다면 우리는 한미러 합종 구도의 구조적 한계를 과연 어떻게 극복할 수 있을까요? 그 해답은 지극히 단순 명쾌합니다. 우리의 피할 수 없는 이웃 중국과 일본에서 찾을 수밖에 없었습니다. 바로 '한중일의 연횡'입니다. '한중일의 연횡'이 갖는 전략적 의미는 정치적·경제적 협력체를 넘어서 궁극의 문화적 공동체로 발전할 수 있는 엄청난 가능성을 가지고 있기 때문입니다. 미국이라는 대표적인 다민족 국가를 보면 인종적·문화적 갈등과 화합이 주기적으로 교차하고 반복되고 있습니다. 미국은 오바마를 대통령으로 뽑을 수도 있고 트럼프를 대통령으로 뽑을 수도 있는 위대한 나라입니다. 인종적·문화적 화합을 통한 인류문명의 하나된 미래의 가능성을 시행착오를 겪으면서도 하나씩 해결해 가고 있다는 측면에서 그러한 미국 국민의 위대함에 존경과 찬사를 보내지 않을 수 없습니다. 그런데 민족적·인종적 유사성에도 불구하고 아직 한중일의 연횡이 제대로 성사되지 못하고 있는 것은 정말 안타까운 일입니다.

그렇기에 우리는 더욱 한중일의 연횡을 포기하지 말고 동아시아 3국 간의 물리적·화학적 협력과 결합을 향해 나아가야 할 것입니다.

누가 한중일의 연횡을 깨트렸나?

그런데 한중일 연횡을 위한 시도는 국가 간 이해관계의 충돌 앞에서 무너진 바 있습니다. 특히 중국과 일본은 화합과 협력보다는 견제와 지배의 틀 안에서 한국을 대하는 태도를 보였습니다. 중국은 사드 배치를 이유로 대규모 경제보복과 문화 차단 조치를 시행했습니다. 폭도들의 롯데마트 습격을 방관했고 현대차와 삼성 스마트폰의 점유율은 급락하여 시장에서 퇴출되기에 이르렀습니다. 이것은 중국이 한국을 하나의 대등한 협력 파트너로 대하지 않고 있다는 증거입니다. 그것이 중국의 편협한 소천하 통일관 때문인지 왜곡된 역사관 때문인지 아니면 미국과의 패권 전쟁을 위한 대한민국 길들이기의 일환인지는 알 수 없지만, 우리에게 한중 관계 개선을 위한 선택지가 없는 것은 현실입니다.

일본의 태도 역시 일방적이었습니다. 세계 어느 나라 어느 시장에서도 일정 수준 이상의 점유율을 유지할 만큼 인정받는 현대차와 삼성 스마트폰은 중국뿐 아니라 일본 시장에서도 외면받고 있습니다. 이것은 혐한 정서가 일부 극우세력에 국한되지 않고 일본의 중산층까지 깊이 침투해 있기 때문인 것으로 사료됩니다. 최근 미국 바이든 정부하에서 한미일 3국 동맹 강화와 한국 정부의 외교상 대승적 양보에도 불구하고 일본이 군마현 징용 한국인 위령비를 철거하고 독도를 외교 공문서에서 교과서에 이르기까지 더욱 강하게 일본 영토라고 명기해 나가는 행태를 보면 우리에게 한일 관계 개선을 위한 선택지가 없다는 사실을 다시 한번 실감하게 됩니다.

물론 우리 한국에게도 한중일의 연횡을 살려 나가지 못한 데 대한 책임이 전혀 없다고는 할 수 없습니다. 동북아 역사에 대한 올바른 이해의 부재와 함께 일방적인 피해의식 그리고 지나치거나 과장된 한국 중심의 역사관도 중국과 일본을 자극하는 데 한몫하였을 것입니다. 그런데 문제는 현재 우리에게 한중일의 연횡을 되살릴 선택지가 주어져 있지 않다는 사실입니다. 크고 강한 중국과 일본이 협력하지 않는 한국의 한중일 연횡 노력은 과거 한국이 주장한 '베세토' 협력 제안이 공허한 메아리로 끝나 버린 것과 같이 되고 말 것입니다.

한미러 합종으로 한중일 연횡을 복원하라

바로 그러한 사실 때문에 '한미러 합종'이 갖는 전략적 의미는 더욱 커집니다. 한중일의 연횡을 직접 추진할 수 없다면, 그것을 가능케 하는 간접적인 방법을 찾아야 합니다. 즉, 한미러의 합종을 통해 한중일의 연횡을 복원하는 방법밖에 없습니다.

동북아에서 한미러 합종은 범세계적 패권 질서의 균형을 바꾸는 강대국 미국과 러시아의 '전략적 지렛대'입니다. 동시에 한국에게는 한중일의 연횡을 성사시키는 지렛대 역할을 할 것입니다. 한국이 미국과 함께 러시아와의 독립적인 자원 공급망과 북극항로 거점항구를 확보하게 되면, 중국은 당연히 자신의 에너지 및 해상 전략에 위협을 느끼게 됩니다. 그렇게 되면 중국은 한국을 이전처럼 하위 파트너로 취급할 수 없게 되고, 관계 재정립의 필요성을 인식하게 됩니다. 이는 '강 대 강' 대치가 아닌 세력 구조의 변화에 따른 유연한 유인책입니다. 일본은 오래전부터 북극항로의 전략적 가치에 적극적인 관심을 보여 왔습니다. 러일 간의 자원·에너지 및 산업 보완관계를 절감하고 있었기 때문입니다. 만일 한국이 미국과의 신뢰를 바탕으로 러시아와 협력해 북극항로와 러시아 자원을 선점하게 된다면, 일본은 과거 태평양전쟁 당시 미국이 주도하는 ABCD(America Britain China

Dutch) 포위망에 의해 석유 및 전쟁물자 금수조치를 당하였던 아픈 기억을 상기할 수밖에 없을 것입니다. 따라서 한미러의 합종은 한일 관계의 가장 큰 장애 요소라고 할 수 있는 일본 극우 일파가 먼저 한일 관계를 개선하고 한미러의 합종에 편승하기 위한 화해와 양보의 신호를 우리에게 보내지 않을 수 없도록 묵시적으로 강요하는 효과를 가져올 것입니다.

요컨대, 한미러 합종은 단지 한미러 3국 간의 협력을 넘어서, 중국과 일본을 견제하면서 동시에 협력하지 않을 수 없도록 유인하는 '전략적 지렛대'가 되는 것입니다. 한중일의 연횡을 우리 힘으로 직접 추진할 수 없는 지금, 그 복원을 위한 열쇠가 바로 한미러 합종입니다. 즉, 합종이 안 되면 연횡은 요원하며, 합종이 되면 연횡은 저절로 따라오는 것입니다.

천하사각지계로 균형을 잡아라

고대 중국 전국시대에는 소진(蘇秦)과 장의(張儀)라는 걸출한 전략가가 있었습니다. 소진은 여섯 나라가 힘을 합쳐 강대국 진(秦)을 견제함으로써 국제평화를 지키자고 주장했는데, 이를 일컬어 남북으로 세로로 합친다는 뜻의 합종책(合從策)이라 합니다. 반면

장의는 강대국 진과 여섯 나라가 각각 동맹을 맺어 강대국과 약소국 간의 선린 우호 관계를 통하여 국제평화를 유지하자는 외교술을 펼쳤는데, 이를 두고 동서로 가로로 이어진다는 의미의 연횡책(連衡策)이라고 합니다. 당시 둘은 정반대로 충돌하는 외교 전략이었습니다. 현재 한미러의 합종과 한중일의 연횡 또한 그처럼 서로 대립되는 전략처럼 보이기도 하지만, 동북아에 새로 미국과 러시아라는 플레이어가 등장함에 따라 함께 공존하고 상생할 수 있는 전략으로 거듭난 것입니다.

과거 소진과 장의가 살았던 농업사회는 유일한 생산요소인 땅을 두고 서로 뺏고 빼앗기는 싸움을 끝없이 계속할 수밖에 없었습니다. 그래서 합종과 연횡은 공존할 수 없는 개념이었습니다. 그런데 현대 산업사회는 원료 자원부터 소재, 부품, 장비, 기술 등 수없이 많은 생산요소들이 각국에 분산되어 있습니다. 이를 효과적으로 조합하여 생산(GDP)을 극대화하는 나라가 승리자가 되고 패권국이 됩니다. 그래서 일방적으로 뺏고 빼앗기는 싸움보다는 각국이 제각기 갖고 있는 강점과 약점을 기반으로 얼마나 효율적인 조합을 만들어 낼 수 있느냐에 따라 승패가 결정되는 시대가 도래한 것입니다.

한미러의 합종과 한중일의 연횡이 공존하면, 마치 태양계 행성이 구심력과 원심력이 밀고 당기는 가운데 우주의 질서를 유지하듯이, 한반도를 중심으로 미국, 러시아, 일본, 중국, 이상 4강이 천하사각지세의 절묘한 패권의 균형을 이루어 낼 수 있습니다. 이것은 결코 쉬운 일이 아니지만, 트럼프 2기 행정부의 등장과 대중국 1+3 전략, 북극항로의 개통과 러우전 이후 러시아의 동진 등 우리에게 우호적인 쪽으로 시대와 환경이 흘러가고 있음은 합종과 연횡을 통한 대한민국의 천하사각지계의 성공을 예고하는 것인지도 모릅니다.

북한,

그 어려운 이름

국제우주정거장에서 촬영한 한반도의 야경,
미국 항공우주국(NASA).

칠흑 같은 어둠에 잠긴 북한의 모습은 남북의 극명한 현실과
국제적 고립을 압축적으로 보여주는 상징이 되었다.

"북핵 문제는 단기적으로 해결될 수 있는 사안이 아닙니다.
군사적 대응은 너무나 위험하고, 통일이라는 감성적 접근은
현실적으로 유효하지 않습니다."

지금까지 강대국의 패권 전략인 미국의 1+3 전략과 이에 상응하는 강소국의 필승 전략인 1+3+5 전략 즉 한미러 합종을 살펴보았습니다. 한미러 합종의 대상 국가인 미국과 러시아의 전략적 수용성을 분석해 보고, 한미러 합종의 구조적 한계점 및 그것을 보완할 대비책으로서 한중일의 연횡까지 짚어 보았습니다.

그런데 이렇게 한국의 국제 외교 전략을 논의할 때마다 반드시 등장하는 것이 있습니다. 바로 북한의 존재입니다. 치열하게 대립하며 아직도 사실상 전쟁 중으로 잠시 휴전 상태에 있는 분단국가인 한국의 특성상 북한은 가장 예민하면서도 가장 까다로운 변수입니다. 그야말로 '뜨거운 감자'라는 표현 말고는 설명할 길이 없는 북한 문제에 우리는 과연 어떻게 접근해야 할까요?

우리의 소원은 통일?

우리 민족의 오랜 염원은 통일입니다. 많은 이들이 통일만 이루어지면 마치 모든 문제가 일거에 해결될 것처럼 생각합니다. 그러나 통일이 왜 꼭 필요한지, 통일이 되면 어떤 점이 좋아지는지에 대해선 거의 알지 못하고 있습니다.

흔히 언급되는 이유는 이렇습니다. 남북한이 통일되면 약 8천만 명 규모의 인구를 가진 대국이 되어서 강대국으로 발전할 수 있는 경제력과 국방력의 기반을 보유하게 된다는 것입니다. 하지만 인구가 많다고 해서 반드시 좋은 나라가 되는 것은 아닙니다. 현재 전 세계에서 인구가 1억 명 이상 되는 국가는 16개국인데, 이 중에서 선진국이라 할 수 있는 나라는 미국과 일본 단 두 나라뿐입니다. 나머지는 모두 개발도상국 수준을 벗어나지 못하고 있습니다.

유럽에서 국민행복지수가 가장 높은 복지 선진국을 살펴보면, 노르웨이·스웨덴·핀란드 같은 스칸디나비아 국가나 벨기에 등의 인구는 불과 500만에서 1,000만 수준이며 인구가 가장 많은 네덜란드도 1,800만밖에 되지 않습니다. 다시 말해, 인구가 많다고 좋은 나라가 되는 것이 아닙니다. 물론 인구가 많은 나라가 현재 강대국인 것은 사실입니다. 그런데 현재 이스라엘을 둘러싸고 대치하고 있는 중동 국가들의 경우를 보면 꼭 국토가 크고 인구가 많아야만 강대국이 될 수 있는 것도 아님을 알 수 있습니다. 드론과 자율주행 전투로봇이 전장을 지배할 미래에는 인구 과다는 강대국의 조건에 별로 도움이 되지 않을 것이 분명하기 때문입니다.

통일을 주장하는 또 다른 논리는 북한의 지하자원입니다. 북한에 지하자원이 상당히 많은 것으로 알려져 있습니다. 그러나 국제적으로 자원만으로 국력을 논하기는 어렵습니다. 국제적으로 '자원의 저주'라는 말이 있을 정도로, 많은 자원은 때로 국가 발전에 걸림돌이 되기도 합니다. 실제로 전 세계에 지하자원이 풍부한 자원부국들 중에 실제 선진국이 된 사례는 미국과 영국 정도에 불과하며, 대부분의 자원부국은 외세의 침탈에 시달리거나 자원 의존 경제체제로 인해 오히려 경제가 퇴보하거나 후진국으로 전락하고 말았습니다. 대표적인 사례가 베네수엘라 등 일부 남미 국가들입니다. 이 국가들은 석유 등 자원이 풍부함에도 불구하고 현재 경제는 최악의 상황에 빠져 있습니다.

더구나 북한은 단순한 국가라기보다는 일종의 전제 집단입니다. 김씨 일가 중심의 권력 구조는 국가라기보다 변화도 타협도 절대 불가능한 전제 왕조 체제에 가깝습니다. 더욱이 이 체제를 유지하기 위해 핵무기 사용까지 불사하고 있습니다. 이런 상황에서 체제 변화를 시도하려 한다면, 우리는 대한민국 국민들의 막대한 인명 피해를 감수하여야만 합니다. 누가 어떤 방법으로 행동에 나서든, 결국 한국 국민이 가장 큰 피해자가 될 수밖에 없습니다. 북한 문제는 '죽일 수도 없고 살릴 수도 없는' 진퇴양난의 문제인 셈입니다.

그렇다면 현실적 대안은 무엇일까요? 아직 치료법이 개발되지 않은 불치의 병에 걸린 환자의 경우처럼, '현상 유지' 전략이 당장은 최선입니다. 치유 불가능한 질병은 일단 상황을 안정적으로 유지하며 기초체력을 보강하고 건강을 증진시켜 자연치유를 기대하든가 아니면 언젠가 치료법이 개발되기를 기다리는 접근이 더 현명합니다. 북한 문제도 마찬가지입니다. 성급히 접근해 한국 국민을 대량 살상의 위험에 노출시키기보다는, 한미러의 합종과 한중일의 연횡이라는 다자 균형을 통해 현상을 더 견고하고 확실하게 유지하는 것을 일차적인 목표로 하되 북한의 내부적인 변화나 국제정세에 따라 한국 국민을 대량 살상의 위험에 노출하지 않는 범위 내에서 통일 관련 다음 행보를 준비하여야 할 것입니다.

이를 위해서는 주변 4강인 미국, 러시아, 중국, 일본과의 균형 외교가 필요합니다. 특히 한미러의 합종과 한중일의 연횡이라는 전략적 틀과 세력균형에 의한 체제 보장은 역으로 북한이 언제 외부로부터의 충격으로 인해 정권이 와해될지 모른다는 불안으로부터 김씨 왕조를 안심시켜 우연히 일어날 수도 있는 돌발사태의 위험을 최소화할 수 있을 것입니다. 그리고 이 같은 안정된 세력균형 속에서는 북한 인민이 굶지 않고 최소한의 삶을 영위할 수 있는 수준까지 체계적인 경제발전 기회를 제공하면서도 그것이 대한민국을 향한 더 큰 위협으로 돌아오지 않도록 제어하는 것 또한 가능할 것입니다.

북한 핵이 위험한 또 다른 이유

북한 문제의 본질은 핵무기 보유입니다. 그러나 대부분의 논의는 '김정은이 핵무기 발사 버튼을 과연 누를 수 있을까?'라는 단순한 도식에 갇혀 있습니다. 실제 위협은 그보다 훨씬 복잡합니다. 예컨대 북한 혹은 그 대척점에 있는 나라에서 잘못된 정보 혹은 정보기기의 오작동 등으로 인하여 핵 사용이 유도되는 경우도 상정해 볼 수 있습니다. 이러한 위험은 김정은 체제의 붕괴 과정 또는 그 이후 권력 공백기에 발생할 위험이 더욱 높습니다. 통제권이 사라진 핵 단추는 그 자체로 대한민국 국민 수백만 명의 목숨을 일거에 앗아 갈 수 있는 시한폭탄이 될 것입니다.

만약 김정은의 유고 등으로 북한 내부에 혼란 상태가 발생한다면 과연 누가 북한 핵을 먼저 통제하게 될까요? 한국군이 휴전선을 넘어 단숨에 진격하는 것이 현실적으로 가능할까요? 아니면 미국이 원산에 상륙해 신속히 북진할 수 있을까요? 러시아군이 두만강을 넘어 혹은 중국 공산군이 먼저 압록강을 넘어 남진할 가능성이 더 높을까요?

이 중 어떤 시나리오든, 주변 강국 간에 북한의 핵 단추 선점을 위한 치열한 경쟁이 벌어질 것은 분명합니다. 그러나 냉정하게 따지자면, 북한과 가장 인접해 있고, 즉시 투입 가능한 병력을 대규모로 보유한 중국이 실질적으로 먼저 진입할 확률이 가장 높습니다.

그렇다면 중국이 북한 핵을 제압하고 나면, 어떤 태도를 취할까요? 평안도나 황해도 같은 서해안 지역에 진주한 중국군은 임무를 완수하고 나면 결국 본국으로 철수하게 될 것입니다. 요동반도와 산둥반도 등에 있는 항구를 통해 황해의 제해권을 이미 확보하고 있는 중국으로서는 국제적 비난을 무릅쓰고 점령지에 눌러앉는 것이 큰 실익이 없기 때문입니다. 그러나 중국이 원산이나 청진 같은 동해 항구도시까지 진출하게 되면, 상황은 완전히 달라집니다. 그동안 중국이 호시탐탐 노려 왔던 차항출해의 꿈이 실현되는 것이기 때문입니다. 그렇기 때문에 중국은 쉽게 철수하지 않을 것입니다. 설혹 철수한다고 하더라도 북한 동해안 항구를 통한 차항출해의 기회를 완전히 포기하지는 않으려 할 것입니다. 조차든 임대든 수단과 방법을 가리지 않을 것입니다. 이것은 중국이 티베트나 신장위그루 지역을 점령한 채 절대로 포기하지 않는 행태로 미루어 볼 때 의심할 여지가 없습니다. 이러한 사실을 모를 리 없는 강대국 러시아는 지난번 북한과 맺은 전략적 동반자 협력을 근거로 중국군이 압록강을 넘는 즉시 두만강을 넘어 남하하게 될 것입니다. 북한 동해안 항구를 확보함으로써 러우 전쟁 이후 러시아 경제의 생명선이라고 할 수 있는 북극항로 사수를 위한 모든 가능한 조치를 취하려 할 것이 틀림없습니다. 만약 러시아군이 북한 동해안에 진주하는 경우에 그들이 기대한 임무를 완수하고 나면 어떤 태도를 취할까요? 오호츠크해부터 연해주와 동해안에 이르기까지 제해권을 이미 확보하고 있는 러시아가 국제적 비난을 무릅쓰고 한반도 동해안에 눌러앉는 것 또한 실익이 없어 철수하게 될 것입니다. 왜냐하면 북한은 러시아의 북극항로를 통한 동진에 실질적인 위협이 될 만한 능력도 또 그럴 이유도 없기 때문입니다. 따라서 북핵의 미래는 단지 한반도의 문제가 아닌, 동북아 전반의 해양 패권 경쟁으로, 또 세계적인 패권 경쟁으로까지 비화할 수도 있습니다.

여기서 한국은 전략적으로 어떤 입장을 취해야 할까요? 북한 핵 문제의 직접 당사자인 한국은 미국과 북한 간 북핵 협상 테이블에조차 초청받지 못하고 있습니다. 한마디로 우리가 할 수 있는 일은 아무것도 없습니다. 그래서 한미러의 합종을 서둘러야 합니다. 이는 경제적 협력으로 시작되겠지만, 경제적 이익을 보호하기 위해서는 안보 측면의 협력이 불가피해질 것입니다. 한미러의 합종과 한중일의 연횡의 균형 이외에 효과를 낼 수 있는 대북 전략은 사실상 없기 때문입니다.

그런데, 많은 사람들이 놓치고 있는 중요한 포인트가 또 하나 있습니다. 바로 산업공해와 미세먼지입니다. 이제 그 문제로 시선을 돌려 보겠습니다.

북핵 위기 이후에 또 다른 위기: 미세먼지

많은 이들이 북핵 문제만 해결되면 한반도에 평화와 번영이 찾아올 것처럼 착각하고 있습니다. 그러나 북핵 문제가 해소된다고 하더라도 우리는 또 한 가지 새로운 위기에 직면할 수 있습니다.

북핵 문제 해소로 개방을 시작하게 되면 북한은 외국으로부터 투자를 유치하여 수출 산업으로 외환(USD)을 확보하려 할 것입니다. 그러면 북한 경제는 성장 가도로 접어들게 될 것입니다. 물론 그렇다고 해서 북한이 당장 반도체를 생산하거나, 자동차를 만들거나, 배터리 산업에 진출하는 일은 기대할 수 없습니다. 기술 기반이 전무한 상태에서 북한이 할 수 있는 산업은 1980년대 한국이 했던 것처럼, 섬유, 제지, 플라스틱 등 노동집약적 저부가가치 제조업입니다. 다시 말해, 값싼 노동력을 바탕으로 한 공해산업부터 시작할 수밖에 없습니다.

이런 저부가가치 산업은 천연가스나 신재생에너지 등 값비싼 연료를 써서는 수익성을 확보할 수 없습니다. 북한에는 석탄이 풍부하지만, 현재 양질의 석탄은 이미 중국으로 수출되고 있으며, 북한 내에서 사용하는 석탄은 대부분 저질탄입니다. 경제성장과 함께 이 저질탄을 난방용과 산업용으로 대량 소비하게 되면 어떻게 될까요? 서울은 곧바로 전 세계에서 대기질이 가장 나쁜 도시 중 하나가 될 것입니다.

실제로 1988년 서울 올림픽 당시, 외신에서는 "한국은 공기가 너무 안 좋아 선수들의 건강을 위해서 훈련 캠프는 일본에 차리겠다"는 기사가 있었습니다. 당시 한국은 무연탄을 주 난방연료로 사용하고 있었기 때문입니다. 만약 앞으로 북한이 개방하여 공장을 돌리기 시작하면 서울의 대기 상황은 그때 이상으로 악화될 수 있습니다. 중국발 미세먼지가 겨울 한철의 계절적 현상이라면, 북한발 미세먼지는 일 년 열두 달 내내 서울 하늘을 덮을 수 있습니다. 개성공단 등 서울과 가까운 황해도 등지에서 석탄을 때기 시작하면, 수도권 전체가 미세먼지 지옥으로 변해 버리고 말 것입니다.

그렇다고 해서 만약 우리가 북한의 에너지 문제 해결을 위해서 석유와 가스를 수입해서 보내 준다면, 과연 그 비용과 효과는 어떨까요? 북한의 저부가가치 산업이 벌어들이는 수익보다 한국이 제공하는 에너지 비용이 더 커지는 웃지 못할 코미디 같은 일이 벌어질 수도 있습니다.

대안은 단 한 가지, 러시아의 파이프라인 천연가스(PNG) 도입입니다. 러시아는 매장량이 사실상 무한한 천연가스를 보유하고 있으며, 현재 유럽의 탈러시아 움직임으로 인해 판로 확보에 어려움을 겪고 있습니다. 이 천연가스를 파이프라인을 통해 북한을 거쳐 한국으로 공급받는 구조를 만들고, 그 과정에서 북한에 통과료로 충분한 양의 천연가스를 현물로 제공하는 것이 유일한 실현 가능한 해법입니다. 특히 천연가스는 부피가 커서 전략물자로 비축이 불가능하기 때문에 북한에 넉넉히 공급해도 안보에 전혀 문제가 되지 않습니다.

이렇게 되면 북한은 저질탄을 태우지 않아도 되고, 한국은 미세먼지 위협에서 벗어날 수 있습니다. PNG 통과의 대가로 북한에 현물로 공급된 천연가스는 원가 개념이 없기 때문에 북한 저부가가치 산업의 수익성에도 나쁜 영향을 미치지 않습니다. 북한이 대한민국으로 오는 천연가스 파이프라인을 막거나 파괴하여 한국 경제에 위협을 가하면 어떻게 할 것인가를 걱정하는 사람도 많습니다. 그런데 그것은 기우입니다. PNG 공급 계약이란 전쟁 상황에도 지켜질 만큼 안전한 계약입니다. 예를 들면 러우 전쟁이 발발한 2022년 2월부터 공급 계약이 만료된 2025년 1월까지 치열한 전쟁 중에도 러시아에서 우크라이나를 통하여 유럽으로 연결되는 PNG는 정상적으로 공급되었고 러시아와 우크라이나 간에 통과료도 정상적으로 지급되었습니다. 더구나 북한은 러시아의 핵심 이익을 감히 손상할 수 없을 것입니다.

북한 문제: 불가근 불가원으로

결국 북핵 문제는 단기적으로 해결될 수 있는 사안이 아닙니다. 군사적 대응은 너무나 위험하고, 통일이라는 감성적 접근은 현실적으로 유효하지 않습니다. 우리가 선택해야 할 방향은 분명합니다.

북한을 무조건 고립·압박하는 전략이 아니라, 북한을 현상태로 유지·관리하는 전략입니다. 위험한 도발을 억제하고, 에너지를 공급하고, 산업 발전을 가능케 해서 북한 사람들이 먹고살 수 있도록 도울 수 있는 안정된 국제질서를 만들어 나가는 것입니다.

그것이 바로 한미러의 합종과 한중일의 연횡이 균형을 이루는 가운데 비로소 우리가 선택할 수 있는 냉정하고 지속 가능한 대북 전략입니다.

PART 04

패배자와 패권국의 갈림길에서

대한민국의 생존 전략은 이미 완성되었다

빨리, 더 빨리

대한민국의
생존 전략은
이미 완성되었다

부산항의 모습, 부산광역시 제공.

세계로 뻗어 나가는 대한민국 물류의 심장, 부산항.
이곳의 활기찬 모습은 북극항로와 유라시아를 잇는
대한민국의 미래 생존 전략이 시작될 거점항구의 비전을 보여 준다.

"북극항로가 우리에게 행운의 여신이라면
러시아의 동진은 우리를 향한 여신의 미소입니다."

북극항로가 현실화되고 있습니다. 물리적으로 얼음이 녹고 있으며, 국제 해운·물류 기업들이 새로운 항로 확보를 위한 준비에 착수하고 있습니다. 이 항로가 뚫리면 아시아에서 유럽까지의 항해 거리가 대폭 단축되고, 기존의 수에즈 운하를 통과하는 루트보다 운송 시간과 비용이 획기적으로 줄어듭니다. 이는 단순히 물류 효율화에 그치지 않습니다. 에너지 수출입 루트의 재편, 신항만 개발, 극지 자원 확보, 그리고 군사·외교 전략에 이르기까지 광범위한 파급 효과를 가져옵니다. 북극항로를 선점하는 나라는 곧 미래의 경제적·전략적 주도권을 확보하는 나라가 될 것입니다.

북극항로는 더 이상 상상의 이야기가 아닙니다. 그리고 새로운 수송로의 등장만을 의미하지도 않습니다. 새로운 경제권의 형성, 세계 패권 질서의 재편, 에너지 자원의 재배치와 연결된 문명사적 변화입니다. 북극항로 개통의 수혜를 선점하는 국가는 국제질서 속 새로운 중심축으로 도약할 것입니다. 그렇다면 그 변화의 수혜를 가장 먼저, 가장 크게 누리기 위해서는 어떻게 해야 할까요? 이를 위해 우리는 북극항로에 실질적 영향력을 행사할 수 있는 강대국들과 연대해야 합니다.

대한민국은 북극항로의 주역이 되어야 한다

대한민국이 북극항로 개통으로 인한 혜택을 최대한 확보하기 위해 가장 주목해야 하는 국가는 다름 아닌 러시아입니다. 북극항로 즉 북동항로의 대부분을 영해 및 영향권으로 보유하고 있는 국가이기 때문입니다. 그런 러시아가 지금 동쪽으로 향하고 있습니다. EU와의 갈등으로 인해 유라시아 전략의 중심축을 아시아로 옮기고 있습니다. 이는 일시적 방향 전환이 아니라 러시아라는 국가의 미래를 위한 전략적 필연입니다. 게다가 동시베리아와 극동 지역은 아직 개발되지 않은 천연자원의 보고이며, 러시아는 이 자원을 러시아 경제의 재건과 도약을 위한 기반으로 활용하고자 합니다. 특히 북극항로는 러시아가 아시아 시장으로 진출할 수 있는 유일한 해상 통로로, 이 항로의 안정성과 물류 허브 확보는 러시아의 우선 국가적 과제이기도 합니다.

그렇다면, 세계사에 유례를 찾아보기 힘든 초강대국인 미국은 어떠한 움직임을 보이고 있나요? 미국 역시 북극항로라는 변화를 지켜만 보고 있지는 않을 것입니다. 게다가 미국은 지금 당면한 시급한 일이 하나 더 있습니다. 바로 급부상하는 경쟁국인 중국을 견제하며 미국의 패권을 공고히 다지는 것입니다. 이를 위해 미국은 1+3 전략에 매진하고 있습니다. 중국의 경제적·군사적·기술적 도전을 뿌리치고 패권을 유지하기 위한 전략입니다. 그런데 마침 북극항로의 개통과 러시아의 동진은, 미국이 러우 전쟁으로 밀착되어 있는 러시아와 중국을 떼어놓을 수 있는 기회입니다. 왜냐하면 러시아는 미국의 경제적·기술적 지원 없이는 북극항로를 활성화하기 어렵기 때문입니다. 또한 러시아의 북극항로를 가장 많이 활용하게 될 한국과 일본이 미국과 안보 동맹하에 있어 미국의 동의하에만 협력이 가능하기 때문입니다.

이러한 문명사적 변화, 국제 질서의 혼돈은 서로 무관한 움직임처럼 보이지만, 대한민국의 전략적 선택에 따라 하나의 큰 기회로 수렴될 수 있습니다. 그 핵심은 한반도 남단에 거점항구를 유치하는 것입니다. 부울경을 중심으로 정체된 부산 항만 도시를 재건하고 녹슬어 가고 있는 포항, 울산, 창원 등 레거시 공업단지들을 첨단산업 기술 배후단지로 활성화하면 위 세 가지 글로벌 변화를 모두 흡수할 수 있는 위치에 우뚝 서게 됩니다.

하지만 거점항구를 유치하는 것은 우리 혼자서 해낼 수 있는 일이 아닙니다. 유라시아 대륙과 태평양을 잇는 거점항구 유치를 위해서는 국내적·국제적 전략이 총동원되어야 합니다. 방금 언급한 바와 같이 쇠락해 가는 부울경 지역부터 먼저 되살려야 합니다. 그다음으로 우리는 세계 패권 질서의 변화를 읽고 합리적인 대응 전략을 갖춰야 합니다. 지금 이 시점 우리 같은 강소국이 펼쳐야 하는 전략은 앞서 설명한 1+3+5 전략입니다. 왜냐하면 우리와 상품시장을 두고 경쟁하는 2군 국가인 중국과 일본은 북극항로를 두고도 경쟁 관계에 있으며, 우리와 첨단산업 기술 등의 보완국인 1군 국가 미국과 자원, 에너지 등의 보완국인 5군 국가 러시아는 북극항로의 선점과 거점항구 유치를 두고도 보완관계에 있기 때문입니다.

놀랍게도 이 전략은 미국의 1+3 전략은 물론 러시아의 동진 전략과도 자연스럽게 맞물립니다. 1+3+5 전략은 단순한 외교 연합이 아니라, 지리적, 경제적, 기술적으로 서로의 필요가 딱 맞아떨어지는 구조입니다. 미국의 불가피한 전략과 러시아의 불가피한 전략을 우리가 동시에 충족시킬 수 있는 위치에 있습니다.

그러나 지금 한반도를 그리고 대한민국을 찾아온 이런 행운의 기회는 우리가 빨리 쟁취하지 않으면 우리를 계속 기다려 주지는 않을 것입니다. 항로란 누군가 한번 선점하면 기득권을 빼앗기 어렵습니다. 거점항구 또한 먼저 유치한 항구가 점점 더 번성하게 마련입니다. 중국과 일본이 먼저 기회를 잡으면 우리에게는 영영 기회가 돌아오지 않을 것입니다. 미국의 중국 포위와 러시아의 동진이 북극항로의 개통과 절묘하게 일치하는 이런 기회는 우리 민족사에 천재일우(千載一遇), 문자 그대로 천 년에 한 번 올 수 있는 마지막 기회가 될 것입니다.

한미러 합종은 한중일 연횡으로 완성된다

그렇다고 해서 한미러의 합종이 영원한 것은 아닙니다. 왜냐하면 미국의 1+3 전략은 2군 국가와 관계를 완전히 단절하는 '디커플링' 전략이 아니라 2군국의 도전 의지를 꺾는 선에서 일상적인 협력관계를 계속 유지하는 '디리스킹' 전략이기 때문입니다. 2군 국가가 미국에 대한 도전 역량을 상실하게 되면 미국은 즉시 1+3 전략을 중단하고 2군 국가와 우호관계를 회복할 것입니다. 다시 말해서 한국의 1+3+5 전략, 즉 한미러의 합종이 더 이상 미국의 패권 질서 유지 전략과 시너지 효과를 낼 수 없게 된다는 말입니다.

그래서 우리는 서둘러 한 걸음 더 나아가야 합니다. 한미러 합종을 발판으로 삼아, 한중일 연횡을 실현해야 합니다. 한미러의 합종과 한중일의 연횡이 팽팽한 균형을 이룰 때 비로소 우리는 미국-러시아-일본-중국이라는 4개 강대국 사이에서 독자적인 지렛대를 가지는 '천하사각지계'를 완성하게 됩니다. 그 순간부터, 우리는 단지 협상에 참여하는 수준을 넘어서 협상을 조정하는 위치에 가게 됩니다. 패권국 사이의 틈을 메우는 구조적 균형추가 되고, 결과적으로 세계 4강의 팽팽한 균형 속 중심에 대한민국이 설 수 있게 됩니다.

이 모든 전략의 궁극적인 목적은 단 하나입니다. 미국, 러시아, 일본, 중국이라는 세계적인 강대국들로 이루어진 천하사각지계를 완성하고, 대한민국이 그 균형의 중심에 서는 것입니다. 이제까지 우리는 주변 강대국의 의지에 휘둘리며 살아야 했습니다. 하지만 지금부터는 달라질 수 있습니다. 행운의 기회가 왔고 필승 전략이 우리 손에 있습니다.

북극항로가 우리에게 행운의 여신이라면 러시아의 동진은 우리를 향한 여신의 미소입니다.

강대국 미국의 1+3 전략과 꼭 맞물리는 강소국의 1+3+5 전략, 즉 한미러의 합종은 결코 실패할 수 없는 대한민국의 필승 전략입니다. 이제 우리가 이 전략을 실행하느냐 마느냐, 선택만이 남았습니다. 동아시아의 새로운 패자(霸者)로 등극할지, 아니면 새로운 시대에서도 여전한 패자(敗者)로 남아 있을지는 우리의 선택에 달려 있습니다.

빨리,

더 빨리

100억 불 수출 달성 기념우표(1977년),
국가기록원 소장.

1956년 2,500만 달러에 불과했던 대한민국의 수출액은 1977년 100억 달러를 돌파하고, 2024년에는 6,838억 달러로 역대 최고 규모를 달성했다. 이는 단순한 경제 성과를 넘어, '속도의 전략'이 어떻게 국가의 운명을 바꾸는지를 전 세계에 증명한 사건이었다.

"남은 것은 단 하나,
실행 의지입니다."

행운의 기회가 왔고 절묘한 전략이 준비되어 있다고는 하지만 우리 대한민국이 국가총생산(GDP)이 우리의 2배가 넘는 일본이나 우리의 10배나 되는 중국과의 경쟁에서 과연 승산이 있을까 하는 의구심을 떨칠 수 없는 것이 사실입니다. 그런데 인간 사회의 법칙이란 대자연의 섭리에 순응할 수밖에 없는 것입니다. 뉴턴의 가속도 법칙을 떠올려 보십시오. 힘은 질량 곱하기 가속도로 그 크기가 결정됩니다. 질량이 작더라도 가속도를 더 키우면 더 큰 힘을 낼 수 있습니다. 작기 때문에 더 빨라야 하고, 더 빠르기 때문에 더 강해질 수 있습니다. 우리가 일본보다 3배 이상, 중국보다 10배 이상 가속도를 높이면 우리에게 승산이 있습니다.

우리 한민족은 '빨리 빨리'의 유전자(DNA)를 가지고 있습니다. 그리고 우리는 이미 '속도의 전략'을 실천한 경험이 있습니다. 우리는 영국보다 300년, 미국보다 200년, 일본보다 100년 늦게 산업화를 시작하였지만 불과 50여 년 만에 선진국 수준에 도달하였습니다. 정보화 시기에도 초고속 인터넷을 전국에 가장 먼저 보급한 국가가 바로 대한민국이었고, 최근 글로벌 팬데믹 위기를 맞이한 K-방역의 경우에도 '민첩한 대응이 성패를 결정짓는' '빨리 빨리'의 정신을 전 세계에 보여 주었습니다. 우리는 과거 빨랐기 때문에 살아남았고, 미래에는 더 빨라서 앞설 수 있는 나라입니다. 이제 '빨리 더 빨리'라는 가속도의 유전자가 본격적으로 힘을 발휘하여야 할 절호의 기회를 맞이하고 있습니다.

그럼에도 불구하고 한국처럼 작은 나라가 인류문명의 중심에 서는 것이 과연 가능할까 하는 의구심을 떨쳐 버릴 수 없는 것 또한 사실입니다. 그러나 역사는 이미 수차례 그럴 수 있다는 사실을 증명한 바 있습니다. 영국은 24만 제곱킬로미터의 한반도만 한 작은 섬나라이지만 5대양 6대주를 지배하며 팍스 브리타니카 시대를 열었고, 네덜란드는 4만 제곱킬로미터로 한반도의 5분의 1도 채 안되는 소국이었지만 한때 세계 경제를 지배하는 패권국이었습니다.

작기 때문에 불가능한 것이 아니라 작더라도 가능한 것, 그

것이 지금 대한민국이 가진 기회의 본질입니다. 우리는 할 수 있습니다. 전략은 이미 준비되어 있고, 행운의 여신은 우리를 향해 미소 짓고 있습니다. 남은 것은 단 하나, 실행 의지입니다.

한미러 합종을 통한 거점항구 유치는 대한민국이 당면한 위기 극복을 넘어서 역사의 주인공이 되기 위한 시도입니다. 과거 고대문명을 번영시킨 비단길도 상업문명을 꽃피운 향신료 루트도, 또 산업혁명이라는 역사적 대분기의 기반이 된 대서양 항로도 한반도에서 저 멀리 떨어져 있었습니다. 수천 년간 한반도를 굳건히 지켜온 우리 선조들께는 단 한 번도 인류문명의 중심에 설 기회가 찾아오지 않았던 것입니다. 우리는 지금 북극항로의 개통을 통해 처음으로 인류문명의 중심에 우뚝 설 수 있는 기회를 맞이하고 있습니다. 단 한 번도 중심에 서본 적 없이 세상의 규칙을 따르며 주변부에 머물러 온 우리가, 이제 세상의 중심에 서서 새로운 규칙을 만들 수 있게 된 것입니다. 이것은 단순한 외교나 경제 전략이 아닙니다. 이 시대에 태어난 우리가 반드시 성공시켜야 할 시대적 사명입니다. 우리가 이 기회를 외면하는 것은 이 땅을 수천 년간 지켜온 선조들을 뵐 면목이 없는 일이며, 앞으로 이 땅에서 수천 년간 살아갈 우리 후손들에게 돌이킬 수 없는 죄를 짓는 것과도 같이 허망한 일이 될 것입니다.